RUDOLF STEINER

Anthroposophische Lebensaufgaben für Freiheit und Liebe

自由と愛の人智学 1

ゲーテ主義

霊学の生命の思想

ルドルフ・シュタイナー
高橋 巖［訳］

春
秋
社

目次

ゲーテ主義　霊学の生命の思想

ゲーテ主義

霊学の生命の思想

西洋思想の中のゲーテ

（『ゲーテの世界観』から第１部）

1896年

Goethes Stellung innerhalb der abendländischen

Gedankenentwicklung

aus GOETHES WELTANSCUAUUNG

ゲーテとシラー

ゲーテは自分とフリードリヒ・シラー〔一七五九～一八〇五〕との間で交わされた会話のことを回想したことがある。それは、二人がイエナにおける自然研究協会の会合に出席した後のことであった。シラーはその会合の内容にあまり満足していないように見えた。自然をばらばらに考察するやり方が、彼には納得いかなかった。こういうやり方は、素人にはまったく好感が持てません、と彼は言った。ゲーテは答えて、「たぶん奥義に通じている人にも、居ごこちが悪かったでしょう。自然を別々に細分化して取り上げるのではなく、自然が全体から部分へ働きかけていく様を、生きいきと表現するやり方もあるはずです」、と言った。

こうしてゲーテは、植物の本性について彼が心に秘めていた大きな思いを披露した。「いくつか特徴的な筆づかいで象徴植物を」シラーの眼の前に描いてみせた。そしてこの象徴植物は、どんな植物の中にも生きている本性を表現している、個々の植物は、同じこの本性の特殊な形態を示しているだけだ、と語った。象徴植物は、個々の植物部分の生長過程と相互の発展と相互の関連とを示していると言うのだった。

ゲーテは一七八七年四月一七日に、イタリアのパレルモで、この象徴植物の形姿について次のように書き記した――「こういう形姿がきっと存在する！　すべての植物が、一定の手本に従って形成されているのでなければ、どうしてあれこれの形態を植物であると認識することができようか」。植物形姿の多様性を概観し、それらの共通点に眼を向けるとき、心の中に現れてくる彫塑的＝理念的な形態を、ゲーテは心の中に思い描いたのだった。シラーは個々の植物だけでなく、すべての植物の中にも生きているというこの形態を眺めて、頭を振りながらこう言った――「これは経験ではありません。これは理念です」。

この言葉は、ゲーテにとって、まるで無縁な世界から響いてくるかのようだった。ゲーテは眼で見、手でさわることのできる事物を知るときとまったく同じ素朴な知覚によって、この象徴形姿に達したのだった。象徴植物もしくは原植物は、彼にとって、個々の植物と同じ客観的な存在だった。気ままな思弁ではなく、捉われぬ観察によって象徴植物を知ったのだ、と彼は信じていた。だから、こう答えるしかなかった――「そうとは知らず、私が理念を知っており、しかもその理念を眼で見たのだとしたら、とてもすごいことではありませんか」。

しかし、シラーが次のような言葉でそれに報いたとき、ゲーテはまったく辛い思いをした――「理念に応じた経験など存在しません。決して経験と合致しないのが理念の特徴ですからね」。

この会話の中に、二つの対立する世界観がはっきりと表れている。ゲーテにとって事物の理念は、その事物の中に直接存在している要素として、その中で作用し、創造する。ゲーテの見方からすれば、個々の事物が特定の形態を取るのは、理念が特別な仕方で、自分を存分に表しているからなのである。

事物が理念に応じていない、と言うのは、ゲーテにとってはナンセンスである。理念によって事物が創られたのだから。シラーはそう考えなかった。彼にとって、理念界と経験界は二つの別々の領域なのである。空間と時間の中に存在する多様な事物とその出来事は、経験界に属している。理念界はそれとは別種の現実であり、理性がこの世界を支配している。認識は、この二つの側面から流れてくる。外からは観察を通して、内からは思考を通して。だからシラーは、認識のこの二つの源泉を区別している。ゲーテにとって、認識の源泉はただ一つしかない。すなわち経験界だけであり、理念界は経験界の中に含まれている。「経験と理念」という言い方は、ゲーテにとって不可能なのである。なぜなら理念は、精神的な経験を通して、精神の眼の前に存在しており、感覚界は肉眼の前に存在しているのだから。

シラーの立場は、同時代の哲学から生じている。この哲学の基本的な考え方は、西洋の精神文化全体を突き動かす力となっているが、われわれはその由来を古代ギリシアに求めなければならない。ゲーテの世界観の特質を知るには、それをまったくそれ自身の中から特徴づけなければならない。その理念は、ゲーテの世界観そのものから取り出されている。このことは、本書の後半でくわしく取り上げるつもりである。

ゲーテは一定の事柄について、いろいろな仕方で語った。それは彼が、自然と精神のいとなみに関して、他の人びとの考え方と一致していると感じたり、対立していると感じたりしたからなのである。この事実をあらかじめ知っておくことは、上に述べた特徴を理解する助けになってくれるであろう。ゲーテの発言の中には、自分自身の立場を獲得するために、それと向き合い、それと対決しなければならない、と思った考え方が含まれている。彼があれこれの事柄について、本当はどう考え、どう感じていたのかは、彼自身の世界観の本質が明らかにしてくれる。ゲーテという存在のこの部分について語ろうとするには、無意識的な思いに留まっていたものをも表現しなければならなくなる。

ここで取り上げたシラーとの対話においては、彼と対立する世界観のひとつがゲーテの精神の眼の前に立っていた。そして、この対立は、古代ギリシアに由来し、感覚的経験と精神的経験との間に深淵を見ている考え方について、ゲーテがどう感じていたかを示している。ゲーテは、そのような深淵なしに、感覚の経験と精神の経験とが、ひとつに結びついて現実を提示してくれているのを知っていた。無意識的にせよ、半無意識的にせよ、ゲーテが西洋の世界観をどう見ていたかを、意識的に、生きいきと心の中に思い浮かべようとするとき、その思いは以下のようなものになるであろう。

ある運命的な瞬間に、人間の感覚器官への不信感がひとりのギリシア思想家の心を支配した。感覚器官は人間に真理を提供するものではなく、人間を錯覚に陥らせる、とその思想家は信じはじめた。素朴な、捉われぬ観察が提供するものに対して、彼は信頼を失った。事物の真の本性について、思考と経験とは違う内容を語る、と彼は思った。

この不信感が初めてどの思想家の頭に宿ったのかを言うのは困難であるが、エレア学派の中に、それを見出すことができる。この学派の最初の代表者は、紀元前五七〇年頃、コロポンに生まれたクセノパネス［BC五七〇頃〜四九〇］であるが、この学派のもっとも重要な人物は、パルメニデス［BC五世紀頃］であると言えよう。なぜなら彼は、それ以前の誰にも見られぬほどの鋭さで、人間認識に二つの源泉があると主張しているからである。彼は感覚の印象が錯覚であり、経験とは無関係の純粋思考によってのみ、真実が認識できる、と述べた。思考と感覚経験についてこのパルメニデスの見解が生じたことによって、それに続く多くの哲学に誤った方向づけがなされた。この方向で科学文化がこんにちもなお苦悩している。この考え方が東洋の世界観の中に起源をもっていることを論じるのに、ゲーテの世界観を論じる本書は、ふさわしい場所であるとはいえない。

プラトンの世界観

プラトン［BC四二七〜三四七］は彼特有の、驚嘆すべき大胆さで、この経験不信を語っている——「感覚が知覚する宇宙の万象は、真なる存在ではない。常に生成する、相対的な存在であるにすぎず、全体がもっぱら相互関係の中で、相互関係を通して存在しているだけにすぎない。だからその在りよう全体を、非存在と呼ぶこともできる。したがって本来の認識対象にはできない。なぜなら、それ自身、常に同じ仕方で存在しているものだけが認識対象になりうるのだから。万象は感覚的知覚がもたらす思い込みでしかない。知覚の領域に留まる限り、われわれ人間は、暗い洞窟の中に固く束縛されて、ふり向くこともできず、背後に燃えている火の光を受けて、眼の前の壁面に映し出された真の事物の映像、人間と光源との間にある真の事物の影像だけしか見ることができないような状態におかれている。それどころか、われわれ人間自身でさえ、誰であろうと、壁に映し出された影にすぎないのである。人間の叡智とは、経験から学びとった影の順序を予測することを言うのであろう」。

プラトンのこの考え方だと、宇宙全体の観念は、仮象界と理念界の二つに分けられる。そして後者だけが真の、永遠なる現実に対応しているとされる――「その影像の理念的な原像だけが、真に存在していると言える。なぜなら、そのような原像は、常に存在していて、決して生成したり、消滅したりしないのだから。原像は一切の事物の永遠なる理念であり、原形態である。この原形態は多様化しない。なぜなら、どの原形態も、本質上ひとつでしかありえず、どの原形態も原像そのものなのだから。その模像もしくは影はすべて、同じ種類の個別化された、無常な事象なのである。また、原形態には生成も消滅もない。原形態は真の存在であって、消滅する模像のように、生成することも、没落することもない。したがって原形態だけが本来、認識の対象になりうるのである。そういう対象だけが、常に考察できる。見方次第で存在したり、しなかったりすることがないのだから」。

理念と知覚を区別することができるのは、人間の認識過程を問題にするときだけである。人間は、二重の仕方で事物にみずからを語らせようとする。事物は、自分の本性の一部を人間に打ち明ける。人間はただ耳を傾けさえすればいい。それは、現実の非理念的な部分である。しかし人間は、そこから別の部分をも引き出すことができなければならない。そのために思考を働かせる。

そうすると、人間の内部に事物の理念が充たされる。人格の内面とは、事物がみずからの理念内容を打ち明ける舞台のことなのである。この舞台上で、事物が外的な見方だけでは永久に隠され続けている部分を語る。その舞台で自然が本質を語る。しかし、二種類の音響の共鳴が事物の認識を可能にするということは、人間という組織の場合だけに当てはまる。自然の中には、二種類の音を生み出す活動家がいる。偏見にとらわれていなければ、誰でもこの共鳴音に耳を傾けることができる。自分の内部に響いている理念言語の中で、事物の語る言葉を聞き取る。けれども、公平さを失った人は、事情を別様に解釈してしまう。そして、自分の内なる言語は外的知覚の言語と異なる領界に由来する、と信じてしまう。

　プラトンは、世界が二つの側面を人間に示しているという事実が、人間の世界観にどれほどの重みを与えているか、よく知っていた。彼は、深い洞察を通して、この事実を評価し、感覚世界だけを取り出して考察しても、現実を認識したことにはならないことを意識していた。理念界が魂の中から輝き出て、感覚的知覚と結びついたとき初めて、人は真の現実を認識できるのである。

　感覚的な知覚内容は、理念の光に照らされないでいる間は、仮象でしかない。このプラトンの洞察は、感覚的な事物の虚妄性を主張するパルメニデスの立場に光を投げかけてくれる。実際、プラトン哲学は、人間精神の生み出したもっとも崇高な思想体系の一つなのである。プラトン主義は、一切の認識目標が、世界に存在の根拠を与える理念の獲得にある、と確信している。この確信が持てない人には、プラトンの世界観は理解できない。

　けれどもプラトン主義は、西洋思想の発展に影響を及ぼすことによって、もうひとつの側面をも示す。プラトンは、人間の感覚界が、もしも理念世界の光に照らされなければ、単なる仮象になってしまう、という認識を強調するだけに留まらなかった。彼はこの事実を述べることによって、まるで感覚界そのものが、人間から独立したところでは、単なる仮象界でしかなく、真の現実は理念の中にしか見られないかのような見解をひろめた。だからこの見解から、次のような問いが生じざるをえなかった――「人間の外での理念と感覚界（自然）とは、相互にどのような関係にあるのか」。

　けれども、人間の外の没理念的な感覚界を一切認めない人にとって、理念と感覚界の関係は、人間の内部において解かれねばならぬ問いである。ゲーテの世界観は、そのような立場に立っている。この世界観にとって、「人間の外での理念と感覚界との関係如何」、という問いは、不健全な問いなのである。なぜなら、理念のない、いかなる感覚界（自然）も、人間の外には存在していないのだから。人間だけが、理念と感覚界を区別して、自然を理念なしにイメージすることができる。

　だからゲーテの世界観の場合、何世紀にもわたって西洋思想が取り組んできた問い、「理念と感覚的事物とは互いにどのような関係にあるのか」は、まったく余計な問いなのである。ゲーテは、西洋思想の流れの中のこのプラトン主義の沈澱物に、例えば前に述べたシラーとの対話においても、他のいろいろな機会にも出会ったが、彼はそれを人間の不健全な観念であると感じていた。完全な現実を開示するために、直観の言葉と思考の言葉が互いに結びついているのだ。ゲーテははっきりとはそう言明しなかったが、そう心の中に感じ、それを自分の世界観の構成力のひとつにしていた。けれどもこのことは、詮索好きな思想家たちの眼にはとまらなかった。自然が人間にどう語りかけるのかに眼を向ける代わりに、彼らは理念界と経験の関係についての人工的な諸概念をつくり上げたのである。

　ゲーテが学んだもろもろの世界観の中で、ゲーテが不健全と感じたこの思考方向がどんなに深刻な影響力をもっていたかを見極めるためには、感覚界を仮象と決めつけるプラトン主義が、キリスト教的真実の一面的な哲学化によって、西洋思想の発展過程の中でどんどん強化されていったことを考えてみればよい。ゲーテは、自分が不健全だと感じたプラトン主義がキリスト教と結びついた結果、キリスト教との関係を深めることができなかった。ゲーテは自分が否定したプラトン主義がキリスト教思想に及ぼした影響を、その細部にわたって追求してはいないが、自分の出会う思想の中にその影響の沈澱物が現れているのをはっきりと感じとっていた。

　したがって、ゲーテ以前の数世紀の間に形成された思想方向の中にこの沈澱物が現れているのを考察することで、ゲーテの考え方の形成過程に照明をあてることができよう。

キリスト教思想の代表的な思想家たちの多くは、彼岸信仰の問題と、霊界ではなく、感覚界がもっている価値の問題とに取り組んだ。そして、感覚界と理念界との関係が人間を離れたところでも成り立つと考えた人は、そこから生じた問いを抱いて、神的世界秩序を考えるようになった結果、この問いと向き合った教父たちも、プラトンの理念界がこの神的秩序の内部でどんな役割を演じているのかについて、思索をめぐらさなければならなくなった。

それと共に人びとは危険に直面した。すなわち、人間の認識行為の中で直接結びついている理念と感覚界を、人間から切り離して考察しただけでなく、この二つを互いに区別して、理念を自然界の外で、自然から切り離された精神性の内部に単独で生きている、と考えるようになったのである。そして、理念界と感覚界についてのこの間違った考え方が、神的な事実は決して人間の魂の中で完全に意識されることがない、という正しい観点と結びついたとき、理念界と自然との完全な乖離が生じたのである。

その時から、人間精神の中に求められるべき事柄が、常にその外に、天地創造の中に求められるようになり、一切の事物の原像が神的精神の中に含まれていると考えられるようになる。世界は、神の中に存在する完全な理念界の不完全な反映になる。このようにして、プラトン主義を一面的に把握した結果、人間の魂は、理念と「現実」の関係から切り離されてしまう。人間の魂と神的世界秩序との当然の関係が、魂の中の理念界と感覚=仮象界との関係に持ち込まれる。アウグスティヌス〔三五四～四三〇〕はそういう考えの上に立って、次のように主張している――「われわれは断乎として、思考する魂が神の本質と同じものではない、と信じたい。なぜなら、神はいかなる共同作業をも許さないのだから。魂はただ、神の本性に関与することによってのみ、悟りを得ることができるのだ」。

このように、この考えを一面的に強調してしまうと、人間の魂は、自然考察の中で物質界と理念界を共に現実の本質部分として体験することが許されなくなってしまう。そして、そういう共体験を求めると、それを非キリスト教的とされてしまう。その結果、この一面的に解釈されたプラトン主義が、キリスト教そのものを覆ってしまうことになる。哲学としてのプラトン主義なら、思考の働きに留まることができようが、宗教感情は、思考を、感情のいとなみの中に沈めることで、人間の本性の中に思考内容をしっかりと組み込む。それゆえ、一面化されたプラトン主義の不健全な部分が、西洋の思想生活に、単なる哲学思想に留まっていたときよりももっと深刻な影響を及ぼすようになった。数世紀にわたって、西洋の思想生活は、次の問いに直面したのである――「人間が生み出した理念は、現実の事物とどういう関係にあるのか。理念界を通して人間の魂の中に生じた概念は、単なる表象であり、現実とは無関係な単なる名称であるにすぎないのか。それとも感覚で知覚し、知性で理解するのは、人間が受けとる現実なのか」。

この問いは、ゲーテの世界観にとって、人間本性の外で知的に処理できるような問題なのではない。この問いは、現実を直観する真の認識行為が、そのつど生きいきと解いていかなければならない。ゲーテの世界観は、キリスト教思想の中に、一面化されたプラトン主義の沈澱物を見出す。そして、キリスト教がそのようなプラトン主義の影響を受けて現れるとき、自分が真のキリスト教から隔離されている、と感じてしまうのである。

ゲーテの世界認識は、現実を不自然な仕方で解釈するプラトン主義を拒否せざるをえなかったが、しかし、人間の魂を理念界へ引き上げようとするプラトンの態度を否定したわけではなかった。そのことは彼のいろいろな発言を通して明らかである。自然を考察し、探求するときのゲーテは、自分の中で理念が実際に生きて働いている、と感じた。そのとき、自然そのものが理念の言葉で語っている。その言葉に心を開けば、それを聞くことができるようになる。しかし、理念界を切り離して考察し、例えば植物の理念に対して、「それは経験ではなく、理念です」、というようなことは、決して承認できなかった。彼は、肉眼が植物の物質部分を見るように、霊眼は理念を現実として見ていると感じた。

だからゲーテの世界観の中には、理念界を志向するプラトン主義が純粋に現れている。それだけでなく、プラトン主義の現実逃避的な傾向が克服されているのである。ゲーテは自分の世界観を形成する上で、形を変えた一面化されたプラトン主義としてのキリスト教思想を拒否せざるをえなかった。そして、これまで自分が学んできた西洋思想では、西洋文化に内在するキリスト教＝プラトン主義的な、反自然的、反理念的な現実理解を克服できない、と感じないわけにいかなかった。

プラトンの世界観の諸結果

アリストテレス［BC三八四〜三二二］は、プラトンが世界を分裂的に考えたことに反対したが、無駄に終わった。彼は自然を統一的な存在と見た。自然は、感覚が知覚する事物だけでなく、理念をも含んでいる。理念が独立した在り方を示すことができるのは、ただ人間の精神においてのみであるが、しかし、この場合の独立した理念には、現実的性格が認められない。魂は理念を知覚可能な事物から切り離すことができるが、しかし理念は、事物と結びつかなければ、現実とはなりえない。もしも西洋哲学がこういうアリストテレスの考え方を正しく理解していたなら、ゲーテの世界観が否定せざるをえなかった方向に陥らずに済んだであろう。

しかし、アリストテレスを正しく理解することは、キリスト教の基礎づけを行おうとする人たちにとっては、好ましいことではなかった。自然の究極の作用原理を経験界に見ようとする自然観は、「キリスト教的な」思想家を自認する人たちには、受け容れ難いものだった。したがって、そういうキリスト教哲学者、神学者たちは、アリストテレスに違った解釈を加えた。

キリスト教の教義を論理的に支持するのに適していると思えた意味づけをアリストテレスの考え方に与えた。すなわち、真理は、啓示という形をとって神から人間に伝えられる。理性は、神の啓示をただ確認するために存在する、というのである。

中世のキリスト教思想家たちは、アリストテレスの諸命題について、救済の真実がこの諸命題によって哲学的な力づけを受ける、と述べた。もっとも重要なキリスト教思想家であるトマス・アクィナス［一二二五～七四頃］の考え方に到って初めて、アリストテレスの思想が、当時において可能であった限りでの本質に迫る仕方で、キリスト教理念の発展のために用いられた。彼の考え方に従えば、啓示は最高の諸真実である、聖書の救済思想を含んでいる。けれどもアリストテレスの仕方で事物の中に沈潜し、そこから事物の理念内実を取り出すことが、理性にとって可能なことである。啓示が降り、理性が上っていくと、救済思想と人間認識とが互いに出会い、移行し合う。事物の中に深く入っていくアリストテレスのやり方は、トマスにとっては、啓示の領分にまで到るのに役立っている。

*

フランシス・ベーコン［一五六一～一六二六］とルネ・デカルト［一五九六～一六五〇］が人格固有の力によって真理を探求する意志を明らかにした当時、一般の思考習慣は、それまでの西洋的思考世界から独立しているように見えながら、実際は旧来の思考伝統の焼き直しを繰り返していたにすぎなかった。ベーコンとデカルトも経験と理念のこの関係を、頽廃した思想世界の遺産であるとして、否定的に見ていた。

ベーコンは、自然の個々の現象だけを理解していた。空間的、時間的な多様性の中で、同じ類似したものを集めれば、自然活動の一般規則に到る、と信じていた。ゲーテはベーコンについて、適切にもこう述べている――「実際、彼は常に部分部分を集めて、それらを秩序づけ、最後に普遍的なものに達することができるように求めているが、彼の場合、個々の事例をあまりにも重視しすぎている。彼が推奨している帰納法によって、単純化と結論に達することができる前に、生命がどこかへ行ってしまい、エネルギーが消尽してしまう」。

ベーコンにとって、この一般規則は、理性が個別の領域を容易に見通せるようになるための手段なのである。しかし彼は、この規則が事物の理念内実の中に根拠をもっているとは思っておらず、それが自然の現実的創造力なのだとも信じていない。したがって彼はまた、個別の中に直接理念を求めようとはせず、個々のものの多様性から理念を抽象概念として取り出す。個々の事物の中に理念が生きていると信じることができなければ、当然、理念を事物の中に求めようとはしない。事物を、外から見た通りのものとして受け取る。

ベーコンの考え方は、上述の一面化されたプラトン主義によって過小評価されるに到った外的な直観方式に注意を喚起したことに意味がある。真理の源泉がそこにある、と彼は強調した。けれども彼は、外的な直観世界と同じやり方で、理念界の意味を明らかにすることができなかった。彼は理念を人間精神の主観的な要素である、と説明した。彼の思考方式は、倒立したプラトン主義なのである。現実をプラトンは理念界の中だけに見、ベーコンは理念のない知覚世界の中だけに見る。ベーコンの考え方の中には、現在に到るまでの自然学者を支配している、あの学者精神の出発点がある。彼の考え方は、経験界の理念要素についての間違った観点にとらわれている。この考え方は一面的な問いの立て方によって生じた中世の観点、つまり理念は名称でしかなく、事物として存在する現実ではない、という観点の遅れて現れた場合なのである。

＊

ベーコンの三〇年後に、別の観点からではあるが、デカルトは、同様に一面化されたプラトンの思考の影響を受けた考察を試みている。彼もまた、西洋的思考の原罪の下に、自由な自然観察への不信感にとらわれている。事物の実在を認識できるとは信じられない、というのが、デカルトの哲学研究の始まりだった。

デカルトは確実な立場を獲得するために、眼を事物に向けずに、まったく狭い門を、言葉のまったき意味での抜け道を求める。思考という、もっとも内密な領域に戻っていく。彼は自問自答する――「私がこれまで真理であると信じていたものはすべて、間違っていたかもしれない。私の考えたことは、錯覚にもとづいていたかもしれない。しかし、私が事物について考えている、という事実だけは、間違っていない。私が虚偽や錯覚を考えるときも、私は考えている。そして私が考えているとき、その考えている私は、存在している。私は考える。だから私は存在する」。

そう考えることで、デカルトは、それに続く一切の思索のための確かな出発点を獲得できたと信じている。彼はさらに自問自答する――「私の思考内容の中には、真の存在を指示するものが他にもないのか」。

彼はもっとも完全な存在として、神という理念を見出す。人間そのものは不完全なのに、一体どのようにして、もっとも完全な存在という理念が人間の思考世界の中に現れてくるのか。不完全な存在であれば、もっとも完全な存在という理念を自分の中から生み出すことができるはずはない。なぜなら、考えることのできるもっとも完全なものも、まさに不完全なものであるはずなのだから。したがって、もっとも完全な存在という理念は、人間自身の中にあらかじめ組み込まれていたに違いない。したがって、そうすることのできた神もまた、実在するに違いない。しかし、完全な存在がどのようにして錯覚をわれわれの前に映し出して見せるというのか。だから、われわれに現実として示される外界は、本当の現実であるに違いない。そうでなければ、神がわれわれの前に虚偽の像を現出させたことになってしまう。

デカルトはこのような仕方で、現実への信頼を獲得しようとする。はじめのうち、彼はこのような信頼を、伝統に従って失っていたのである。

デカルトは極端に人工的な仕方で真理を求める。ひたすら思考から出発する。確信を生み出してくれる力は思考だけにある、と思っている。観察は、思考に助けられたときでなければ、確信を与えることができない。こういう立場に立つことで、デカルトの後継者たちは、思考がみずからの中から生み出し、証明することのできる真理の妥当範囲を確定しようと努めることになった。そして、純粋理性に由来するすべての認識内容を、全体として把握しようとした。もっとも単純で、直接的な洞察から出発して、純粋思考の及びうる範囲全体に到るすべてに通じようとした。そのようにして打ち立てられるべき体系は、ユークリッド幾何学の手本に従って立てられるべきものとされた。なぜなら、ユークリッド幾何学も単純で、直接的な命題から出発して、観察の助けを借りることなく、単なる推論だけによって、その全内容を生じさせるのだからである。

バールーフ・デ・スピノザ［一六三二～七七］は、その『倫理学』の中で、純粋理性の諸真理の体系を提供しようと試みた。彼は、実体、属性、様相、思考、延長などなどの一連の概念を提示して、純粋に合理的な仕方で、これらの概念の内容とその相互関係とを探求した。現実の本質は、思想の建造物として提示されるのでなければならなかった。

スピノザが考察した認識とは、このように現実にはなじまない考察によってもたらされたのだったが、それは世界の真存在に対応しており、世界の真存在に適合した理念を提供する認識だったのである。感覚的知覚に発する理念は、世界の真の存在に不適合であり、混乱しており、分断されている。

この観念世界においても、知覚と理念の対立という、一面的にとらえられたプラトンの考え方の影響が現れている。それは容易に見てとることができる。知覚から独立して形成された思想だけが、認識にとって価値がある。スピノザはさらに先へ進む。彼はこの対立を道徳感情、道徳行為にまで押し拡げる。不快の感情は、知覚に由来する諸理念だけから生じる。そういう理念が欲望や情熱を生み出すと、人間をそれに没頭させ、それの奴隷にしてしまう。理性に由来する理念だけが、無条件的な快の感情を生み出す。それゆえ、人間の最高の幸福とは、理性理念の中に生きることであり、純粋理念界の認識に没頭することなのである。知覚界に由来するものを克服して、純粋認識に生きる人だけが、至高の浄福感を体験するのである。

スピノザのあと、まだ一世紀経たぬうちに、スコットランド人、デイヴィッド・ヒューム［一七一一〜七六］が現れて、知覚だけから認識を生じさせる考え方を示した。

空間と時間の中の個々の事物だけが与えられている。思考は個々の知覚内容を結びつけるが、そうできるのは、その知覚内容そのものの中にこの結びつきを可能にする何かが存在しているからではなく、悟性が諸事物を関連づけることに慣れているからなのである。あるものが他のもののあとに続くのを何度も見ている人は、そのようにこれからも続いていくに違いない、と考えるようになる。そして、はじめのものを原因、あとのものを結果と呼ぶ。人間はさらに、自分の精神の考えたことに自分の身体の運動が続くことを何度も見ている。そして、精神が身体運動を生じさせるということで、このことを説明する。人間の理念とは、思考習慣のことにほかならない。知覚内容だけが現実的性格をもっているのである。

＊

インマヌエル・カント［一七二四～一八〇四］の世界観は、数世紀にわたって現れてきた、実にさまざまな思考方向をひとつに結びつけているが、カントもまた、知覚と理念の関係に対する自然な感覚を欠いており、それまでの哲学者たちから受けとった先入見にとらわれている。そのような先入見のひとつは、一切の経験から離れた純粋思考が必然的な真理を生み出すという考えである。そのような真理を含んだ数学と純粋物理学の存在が、このことを証明しているのだという。

もうひとつの先入見は、経験にはそのような必然的な真理に達する能力がないという考えである。知覚界に対する不信感がカントの中にもあるのだ。カントの場合、ヒュームの影響が、このような思考習慣に結びついている。ヒュームは、思考が個々の知覚内容を理念として総括するのであって、経験がそうするのではない、と述べたが、カントはこの主張を正しいと考えている。思考が理念を経験に付け加えるのだという。以上の三つの先入見が、カントの思想体系の根底をなしている。

　人間が所有している必然的な真理が経験から生じることはありえない。なぜなら、経験は必然的なものを提示しないのだから。それにもかかわらず、人間はそういう真理を経験の中に見、個々の知覚内容を、その真理に従って結合する。真理は人間そのものから生じるのだから、人間が諸事物を、純粋思考によって獲得された真理に応じた仕方で関連づけるのは、人間の本性にもとづいている。

　カントはさらに先へ進む。彼は、外から与えられる知覚内容に一定の秩序を与える能力が、感覚にもあると考える。この秩序も、事物の印象と共に外から与えられるのではない。空間的な秩序と時間的な秩序は、感覚的知覚を通して与えられるのであるが、空間と時間は、事物に属するものではなく、事物が感覚に印象を与えるとき、その印象を空間的、時間的な関連にもたらす能力があらかじめ人間の中に組み込まれている。人間は、印象だけを、知覚内容だけを外から受けとる。その印象を空間と時間の中に位置づけ、理念にまとめ上げるのは、人間自身の仕事なのである。

しかし、知覚内容もまた、事物に由来するものなのではない。人間は事物を知覚するのではなく、事物が人間に与える印象だけを知覚するのである。私が知覚内容をもったとしても、それだけでは事物について何も知ったわけではない。せいぜい私が言えるのは、「私は自分の中に知覚内容が生じるのを認める」、ということだけである。私の中に知覚内容を生じさせるのは、事物の中のどんな特性なのかについて、私は何も知ることができない。

カントによれば、人間は物自体と関わることができない。ただ、事物が人間に与える印象と、その印象相互の関連づけだけに関わることができる。経験界とは、客観的に外から与えられたものなのではなく、ただ外からの促《うなが》しを受けて、主観的に内から生み出したものなのである。事物が経験界を特徴づけるのではなく、人間本性がそうするのである。したがって経験界そのものは、人間から独立して存在しているのではない。この観点に立てば、経験から独立した、必然的な真理を想定することが可能となる。なぜなら、そういう真理は、人間が自分で経験界を規定するときのやり方に応じているのだから。そういう真理は、人間の本性の法則を含んでいる。しかし、物それ自体に従っているのではない。したがってカントは、自分が先入見に留まり続ける口実を見出したのである。つまり、経験界の内容に見合った必然的な真理が存在するが、その真理は経験界に由来するものではない、という口実である。

　もちろんカントは、この口実を見出すために、物それ自体について知ることは、人間精神にはできない、という立場に立たなければならなかった。彼はすべての認識を現象界に限らなければならなかった。その現象界は、人間本性が事物の印象に従って、自分の中から紡《つむ》ぎ出したものなのである。けれども、カントはこの現象界の中から、必然的に妥当する、永遠の真理を救い出したのだから、物それ自体の本質に心を悩ませる必要などなかった。一面化されたプラトン主義は、カントの場合、認識を麻痺させる果実を稔《みの》らせたのである。

　プラトンは、知覚が事物の本質を語っているようには見えなかったので、知覚から離れて、眼差しを永遠の理念に向けたのである。しかしカントは、永遠と必然の性質を保っている理念が、世界の本質を本当に洞察できる可能性を問題にしようとはしない。プラトンは、世界の真の本質が永遠で、不滅で、不変であらねばならない、と信じた。そして、このような性格が理念のものでしかありえないと信じたゆえに、理念界に頼ったのである。カントは、理念のこういう性格を主張できるだけで満足だった。理念は、その時には、もはや世界の本質について何も語る必要がなかったのである。

＊

カントの哲学思想は、特に彼の宗教感情によって色づけられていた。彼は理念界と感覚的知覚との生きた関連を、人間本性の中に見ようとはせず、次のような問いから出発した――「人間は、感覚的知覚の領域からは生じえない何かを、理念界の体験によって認識することができるのか」。

ゲーテの世界観という意味で考える人は、理念が感覚的な仮象世界の中で現実を直観させてくれるのを知ることで、理念界の現実性を認識しようとする。だから、次のような問い方をする――「そのようにして私が理念界の現実性を実感するとき、一体どこまで、自由、不死、神的世界秩序という超感覚的な真理と人間認識とが出会える領域の中に参入することができるのだろうか」。

カントは、理念界の現実性について、感覚的知覚との関係から何かを知ることができるとは考えなかった。この前提に立って、彼は無意識的な仕方で、彼の宗教感情が求める次のような要求を、学問的な研究成果とみなした。――自由、不死、神的世界秩序に関する問いは、学問的な認識の及ぶところではない。

人間の認識は、感覚世界の境界にまでは達することができるが、その境界を超えた一切に関わることができるのは信仰だけである、と彼は結論づけた。信仰のための席を設けるために、彼は知的行為を限界づけようとした。ゲーテの世界観の意味では、理念界は自然の下で直観される。そして、その直観された理念界の中で、感覚界を超えた経験をすることができる。そして、そうできたときの知的行為は、確かな土台を得る。感覚界を超えた領域を認識するときも、眼差しは理念と経験の生きた共鳴に向けられ、そうすることによって認識の確かさを得ようとしている。

　カントはそのような確かさを、どこにも見出すことができなかった。それゆえ、認識以外のところに自由、不死、神的秩序の観念の基礎を見出そうと努めた。ゲーテの世界観の意味では、「物それ自体」については、自然の下で把握できた理念界の本質が許す限りにおいて、認識の対象になりうる。カントの世界観の意味においては、「物それ自体」の世界に光を当てる権利は、認識から奪われている。ゲーテにとって認識とは、事物の本質に照明を当てる光を灯《とも》すことなのである。彼もまた、光を当てられた事物の本質が、光の中にあるとは思っていないが、それにもかかわらず、この本質を光の照明によって明らかにすることを決してあきらめない。カントは、照明を当てられた事物の本質が光の中にはないのだから、光はこの本質を開示することができない、と考えている。

　カントの世界観は、古い誤謬を除き、現実の中に自由に、根源的に沈潜することによって生じたのではなく、学習と伝承によって得た哲学上、宗教上の先入見を論理的に焼き直すことによって生じた。それは自然の生きた創造行為のための感受性を未発達なままにしてきた精神でなければ作り出せないような世界観なのである。だから同じ未発達な状態に留まっている精神たちにのみ、影響を及ぼすことができた。カントの世界観は、こう考えるときにのみ、ゲーテの世界観の前に立ちはだかることができるのである。

このようなカントの思考方式が彼の同時代の人たちに及ぼした広範囲にわたる影響は、同時代の人たちがどれほど強く、一面化されたプラトン主義に呪縛されていたかを物語っている。

ゲーテとプラトン的世界観

ゲーテが自分の激しい認識衝動を満足させようとして、信頼するに足る哲学思想の成果を学んだとき、どんな印象を受けたのか。このことを知るために、まず私は、プラトンの時代からカントの時代に到る思想の発展を述べた。

ゲーテは、自分の内的本性が求める無数の問いへの答えを、どの哲学の中にも見出さなかった。どんな哲学者の世界観の中に沈潜していっても、自分の問いの方向と、学ぼうとした思想世界との間に、どうしようもない対立が生じるだけだった。その理由は、一面的に理解されたプラトンによる理念と経験との分離が、ゲーテにはどうしても承服できなかったことにある。

ゲーテが自然を観察したとき、自然は彼に諸理念をもたらしてくれた。だから自然は理念に充ちている、と思えた。自然の諸事物の中に浸透して、その諸事物の生成と消滅、成長と衰退を生じさせることのないような理念界があるとしたら、その理念界は、ゲーテにとって、無力な思考の編物にすぎない。自然の生《なま》なましい創造のいとなみに沈潜することのない、思想の単なる論理的な紡《つむ》ぎ出しは、不毛なものとしか思えなかった。

ゲーテは、自分が自然と深く結ばれていると感じ、自分を自然の生きた一分肢であるとみなしていた。自分の精神の中に生じるものは、自分の中の自然が生じさせたのだと思えた。人間は自分を片隅に置いて、その自分の中から事物の本質を解明する思想を織り出すことができるなどと信じてはならない。自分を通って世界事象の流れが絶えず流れているようでなければならない。そうすれば人間は、理念界が自然の創造的な働きにほかならない、と感じるであろう。そして事物について思索するために、事物の上に立とうとはしないであろう。事物の内奥に深く参入して、そこに生きて働くものを取って来ようとするであろう。

ゲーテの芸術家としての本性は、彼をこういう思考方式へ導いた。花が咲くのと同じ必然性をもって、彼は自分の詩的創作が自分の人格から花開くのを実感できた。彼の内なる精神が芸術作品を生み出すときのやり方は、自然が諸事物を産み出すやり方とまったく同じであるように思えた。そして芸術作品の中で、精神の要素と物質の要素とが分かちがたく結びついているように、自然事象を理念抜きで考えることは、とても彼にはできなかった。

したがって、知覚内容の中に不明瞭な、混乱したものしか見ようとしない立場、理念界を一切の経験界から切り離してしまおうとする立場は、彼の立場を認めることができなかったし、彼は彼で、一面的に理解されたプラトン主義の上に立つ世界観を反自然的であるとしか思えなかった。だから彼の求めているものは、哲学者の中には見出せなかった。彼の求める理念は、事物の中に生きているのでなければならなかった。その理念は、経験界のすべての事象をひとつの生命全体から現出させるはずだった。ところが、哲学者たちが提示する思想は、事物を論理的な根本命題に従った体系の中に組み込むだけの容れ物にすぎなかった。自然が提示する謎を解こうとして、誰かに説明を求めるたびに、彼は自分自身に立ち返るしかない、と思い知らされたのである。

＊

自分の認識要求を充たしてくれるものが見当たらない、というのは、イタリア旅行以前のゲーテが抱えていた大きな悩みのひとつだった。イタリアで彼は、芸術作品を産み出す原動力について或る見解を持つことができた。完成された芸術作品の中には、神的なもの、永遠なるものとして崇《あが》めることのできるような何かがある、と思えたのである。だから心を引きつけられたいくつかの芸術作品に接したあとで、彼は次のような言葉を記した――「高次の芸術作品は、人間の手になる最高の自然作品である。それは真実で自然の法則に従って創られている。すべての勝手な思いつきは姿を消している。そこにあるのは、必然性であり、神である」（『イタリア紀行』）。

ギリシア人の芸術は、彼に次のような言葉を語らせた――「今私が追い求めているのは、自然が働くときの法則なのだが、古代ギリシア人はこの同じ法則に従って働いていたのではないかと思う」（『イタリア紀行』）。

プラトンが理念界の中にあると信じたもの、ゲーテが哲学者たちの下で決して見出せなかったもの、それがイタリアの芸術作品の中から彼に向かって顔をのぞかせたのである。認識の基礎と思えるものは、まず芸術の中で開示される。芸術創造の中には、一種の高次な段階での自然の働きが見られる。芸術を創造することは、高められた仕方で、自然を創造することなのである。

後年、彼はこのことを「ヴィンケルマン論」の中で次のように書いた――「自然の頂点に立った人間は、みずからが一個の全自然となって、ふたたび自分の中にひとつの頂点を創り出さなければならない。そのために、人間は完全さと徳のすべてを求めて、選択し、秩序と調和と意味を喚起し、そして最後に芸術作品の創造にまでみずからを高めていく。……」

ゲーテが自分の世界観を手に入れたのは、論理的に首尾一貫した思索の道の上でではなく、芸術の本質を考察することによってである。そのようにして芸術の中に見出したものを、ゲーテは自然の中にも求める。

自然認識と芸術行為とは、彼の場合、本質的に同じである。自然認識と芸術行為とが互いに移行し合い、作用し合う。芸術家は、「才能に加えて、さらに植物の知識を身につけなければならない。植物は、根から始まって、さまざまな部分が生長し繁茂するために影響し合っている。さまざまな部分がそれぞれおのれの使命に従って相互に作用し合う。そのさまを認識し、そして葉と花と結実と新芽との継続的な発展を洞察し、熟考する」(「単純な自然模倣、マニール、様式」)なら、芸術家は一段と偉大さを増し、一段と立場を明確にするようになる、とゲーテは考える。

したがって、自然作品を支配しているのと同じ法則が表現されていればいるほど、芸術作品は、より完成されている。真実の王国はひとつしかない。この王国は芸術も自然も包括している。だから芸術を創造する能力と自然を認識する能力とは、本質的に同じなのである。「芸術家の様式は、もっとも奥深く、もっとも堅固な認識の土台の上に立たねばならない。つまり、眼で見、手で掴むことのできる事物の本質の上に立たねばならない」(同上)、とゲーテは述べている。一面化されたプラトンの考え方から生じた世界考察は、学問と芸術の間に境界線をはっきりと引いて、芸術活動は空想と感情の産物であり、一方、学問の成果は、空想に陥ることなく概念を展開した結果、得られるのだという。

ゲーテは問題を別様に考える。彼が眼を自然に向けるとき、諸理念が全体として現れる。理念上の構成要素は、個々の経験対象の中に閉じ込められてはおらず、個々の対象を超えて、同類の諸対象を指示している。

哲学者は、そのような理念上の構成要素を確保して、それを自分の思想作業の中で直接表現する。この同じ理念内容は、芸術家にも作用するが、しかし芸術家の作業は、理念が自然の中で働くように、というよりは、理念が眼の前の現象になるように努める。自然作品の中での理念は、観察者の霊眼におのれを開示する。その同じ理念は、芸術作品の中では、知覚することのできる現実となる。芸術家は自然の諸理念を現実のものにする。芸術家は、自然の諸理念を理念形式で表現しなくてもよい。事物や出来事を考察する芸術家は、心の中でその事物や出来事の中に含まれている理念を、直接、別の事物や出来事にして形成する。芸術家は自然作品の像《イメージ》を提供する。この像は、自然作品の理念内実を知覚内容に置き換えたものなのである。

哲学者は、自然が自分の思考の前にどのような現れ方をするのかを示すのに対して、芸術家は思考だけでなく、知覚に対しても、自然がどのような姿で現れ、どのようにその作用力を発揮するのかを示す。哲学者が思想という形式で表現する真実と、芸術家が像という形式で表現する真実は、真実という点では、同じである。相違はただ表現手段だけによるのである。

ゲーテはイタリアで、理念と経験との間の真の関係を洞察したが、この洞察は、もともと彼の本性の中にひそんでいた種子が生長し、結実した結果なのである。イタリア旅行は、その種子を育てるのに適した太陽熱を彼に与えてくれた。一七八二年、『ティーフルト・ジャーナル誌』に発表された「自然」という論文の著者は、ゲーテだったが（『ゲーテ協会報』第七巻に私はこの論文の著者がゲーテであることを証明する一文を発表した）、その中には後のゲーテの世界観の萌芽がすでに現れている。

この論文の中の暗い感情が、後にはより明確な思想になって現れている――「自然！ われわれは自然に取り巻かれ、纏《まと》いつかれている。そこから抜け出すこともできなければ、その奥深くに入っていくこともできない。自然は、頼みもしないのに、突然われわれを踊りの輪の中に引き込み、疲れてその腕の中に倒れ込むまで、われわれを追い立て続ける。……自然は思考行為を行ってきた。今でも考え続けている。人間としてではなく、自然のままに。……自然は語る言語をもっていないが、自然のままに感じたり語ったりする心臓と舌を創造した。……私が自然について語るのではなく、自然が真なるもの、真ならざるもののすべてを語るのだ。すべては自然のせいであり、すべては自然のおかげである！」

ゲーテがこう述べたとき、どのようにして自然は、人間を通して、自分の理念的本性を語るのか、彼はまだ明らかな認識をもっていなかった。しかし、人間の精神の中に響いているのは、自然の精神の声なのだ、と彼はすでに感じていた。

ゲーテがイタリアで見出した精神的風土は、彼本来の素質にふさわしく、彼自身が十分に満足できるほどに、認識器官を育ててくれた。彼はローマで、「芸術について、そして芸術の理論について、モーリッツ［カール・フィーリプ・モーリッツ、一七五七〜九三、美学者］と話し合った」（論文「近代哲学の影響」）。

旅の途中で、植物のメタモルフォーゼを観察した。この観察によって、ゲーテは、後年、有機的自然を全体として認識する上で豊かな成果をもたらした方法を獲得することができた——「なぜなら、植生《しよくせい》がそのやり方を一つひとつ私に提示してくれたとき、私はもはや迷うことなく、どのように植物が萌芽の状態から完成された状態へ一歩一歩生長を遂げていくのか、その道筋をありのままに辿ることができた」（同上）。

彼はイタリアから帰国後、数年経って、非有機的な自然を考察したときにも、自分の精神的な要求に応じたやり方を見出すことができた——「どんな物質対象を研究する場合にも、至高の義務は、現象が生じるときの条件を詳しく調べて、現象の可能な限りの完全性を求めることなのだ、という確信が私を捉えて放さなかった。なぜなら、どんな現象も、結局は、相互に関連し合っており、互いに作用し合っているのだから。だから必然的に、研究者の眼の前に、一種の組織の内なる全体生命がはっきりと現れてくる」(同上)。

ゲーテは周囲のどこにも説明してくれる思想を見出さなかった。自分で説明を試みなければならなかった。なぜなのか、その理由を求めた彼は、自分が哲学を本来まったく理解する器官をもっていないせいなのだ、と思った。しかし本当は、彼が知りえたすべての哲学者が一面的に理解されたプラトン的思考方式のとりこになっていたからであり、その思考方式が彼の健全な本性と相容れなかったからだったのだ。

若い頃のゲーテは、繰り返してスピノザを読んだ。スピノザが常に「心を安定させてくれた」(『詩と真実』)とさえ、彼は述べている。なぜなら、スピノザが宇宙を一大統一体と見、一切の個別者はその全体から必然的に生じた、と考えていたからである。しかし、スピノザ哲学の内容に深く関わったとき、その内容についていけない、と感じないわけにいかなかった――「私が彼の著作に同意のサインを記し、一言一句、彼の言う通りだと思っていたとは考えないでもらいたい。なぜなら、誰も他の人間を理解してはいないのだから。誰も他の人間と同じ言葉で同じことを考えているわけではない。ある人と交わす対話も、ある人の書物の講読も、その人とは違う思想を心に呼び起こす。このことを私ははっきり自覚していた。だからデカルトの弟子であり、数学の教養とユダヤ教学を通して思考の頂点に達したこの人物を完全に理解した、と自惚《うぬぼ》れたりはしなかった。『ヴェルテル』と『ファウスト』の著者が、そういう誤解が生じやすいことを身にしみて感じて、こう言うのをきっと許してくれると思う。いずれにせよ、スピノザは、こんにちに到るまで、すべての思弁的な営為の目標であり続けているらしい」(同上)。

スピノザがデカルトを学んだことや数学やユダヤ教学を身につけて、思考の頂点に達したことが、ではなく、スピノザが現実から遊離した仕方で、純論理的な仕方で認識を論じていたことが、ゲーテをしてスピノザを全面的に受け容れがたくさせていたのである。

ゲーテは現実のすべてから思考を切り離そうとはしなかった。だから、経験から離れた、純粋思考に没頭することができなかった。ひとつの思考内容ともうひとつの思考内容とを、純論理的に結びつけようとする思考活動は、真の現実を見えなくさせる。理念に到るためには、精神を経験の中に沈潜させなければならない、と思った。理念と知覚との相互作用は、彼の精神の呼吸活動のようなものだった――「振り子の運動が時を刻むように、理念と経験の相互運動が道徳世界と学問世界を確かなものにする」(『散文の格言』)。この命題に従って世界の諸現象を考察することが、ゲーテには自然であると思えた。なぜなら、自然は常に同じやり方をしているのだから。彼の場合、このことには疑問の余地がなかった。――自然は「生きた、不可思議な全体から」、空間、時間内の多様な諸現象へ「発展する」(「近代哲学の影響」)。不可思議な全体とは、理念界のことである。「理念は永遠であり、唯一つである。われわれが複数を必要としているのは、正しい結果ではない。われわれが認識するもの、話題にするものはすべて、理念の現れ以外のものではない。われわれが語る概念は、理念そのものなのである」（『散文の格言』）。

自然の創造活動は、理念的な全体から、知覚の現実としての個別へ向かう。それゆえ、観察者は「現実の中に理念を認め、有限なものを無限なものへ高めることによって、有限につきまとう不快を宥《なだ》めることが必要である」（同上）。ゲーテの確信するところでは、「自然は理念に従った態度をとる。同様に人間は、自分の始めたすべての中に理念を追求する」（同上）。

理念にまで高まることで、理念から知覚世界の個物を理解できるようになった人は、不可思議な全体から個々の被造物を生み出す自然のいとなみとまったく同じ態度をとっている。理念の創造活動を感じ取らない思考は、生きた自然から切り離されている。その思考は単なる主観的な活動でしかない。その思考は、自然を抽象的にイメージすることしかできない。しかし、理念が自分の内部に生きて働いているのを感じ取る人は、自然と自分自身とをひとつの全体であるとみなすことができる。そして、自分の内部の主観的な現れが、同時に客観であると思えるようになる。その人は自然に対して自分を異質の存在であるとは思わない。自然の全体と深く結ばれている自分を感じる。主観が客観になる。精神に完全に浸透された客観になる。

ゲーテの意見によれば、カントの根本の誤謬は、カントが「客観的な認識能力をも主観として考察し」たことにある。「カントは主観と客観との出会う地点を鋭く区別している。しかし、その区別は十分に正確ではない」（ヴァイマール版全集第二部第十一巻、三七六頁）。認識の能力と自然の能力とは、同じ能力なのだ。このことを認めない限り、認識を主観的だと思ってしまう。客観的な理念界は主観の中に生きている。そして人間精神の中には、自然の働きが生きている。その限り、主観と客観は互いに結びついている。主観と客観の対立はすべて解消する。この対立に意味があるのは、人間がそれを人工的に作り出すときだけである。そのときには、理念を自分の思考内容だと思ってしまう。そのときには、自然の本質はただ模像としてしか存在しておらず、本来の働きを及ぼしていない、と考えている。

　カントとカント主義者は、理性の諸理念の中で事物の本質である「もの自体」が直接体験されることを、予想してはいなかった。すべての理念が、彼らにとっては、単なる主観だった。それゆえ彼らは、理念をも含めて、すべての経験界を主観的であると思った。そして主観的である限りで、理念は有効である、と思った。

　ゲーテの立場は、カントのこの考え方と根本的に対立している。カントの考え方を肯定しているような言表が、ゲーテの個々の言葉の中に見られるが、このカントの考え方についての対話に彼は何度も立ち合った。そのことを回想して、彼はこう述べている――「われわれの自己並びに外なる世界がわれわれの精神生活にどれほど多くの寄与をしているのか、という古くからの主要問題が繰り返して甦ってくるのを、私は何度も経験した。私は自己と経験界とを区別したことがなかった。私が対象について自分流のやり方で哲学するときには、思わず素朴にそうした。そして、自分の意見を本当に眼の前に見たと信じた。この主要問題が議論されるたびに、私は人間に名誉を与える側に立った。そして、われわれの認識がすべて経験と共に始まるとしても、認識がすべて経験に由来するとは限らない、というカントの立場を主張するすべての友人に完全に同意した」（「近代哲学の影響」）。

　ゲーテの考えによれば、理念は、人間の感覚的知覚が提供する経験部分に由来するのではない。理性も想像力も、事物の内部に浸透し、実在の理念要素を手に入れようとする。その限りにおいて、人間精神は、認識の成立に関与している。人間精神の中に、感覚の手に及ばぬ高次の現実が現れる、そしてそのことが人間に名誉を与えている、とゲーテは考える。それに反してカントは、経験界に高次の現実の性格があるとは認めない。なぜなら、高次の現実は精神に由来する構成部分を含むのだから、というのである。

　カントの諸命題を自分の世界観の意味に解釈し直さなければ、ゲーテはその諸命題を肯定できなかった。カントの考え方の基礎はゲーテの本質にまったく矛盾していた。ゲーテがこの矛盾を明言しなかったのは、カントの考え方のこの基礎があまりに異質だったので、あえて関わり合おうとしなかったからにすぎない。——「（『純粋理性批判』の）入口は、私の気に入ったが、その迷宮の中へあえて入っていこうとは思わなかった。ある時は詩の精神が、ある時は人間常識がそうするのを妨げた。自分がそうすることで改善されるとはまったく感じられなかった」(同上)。

カント主義者たちとの話し合いについて、ゲーテはこう告白している――「彼らは私の言うことを聞いてはくれたが、私に何も答えてはくれなかったし、何も私の役に立ってはくれなかった。一度ならず誰かが、または別の誰かが微笑まじりにこう打ち明けてくれた――もちろんその考えは、カントの考え方に符合しています。しかし、めったにない符合ですね」(同上)。これまで述べてきたことからも分かるように、この二人の立場は、符合するどころではなく、決定的に対立するものだったのである。

＊

シラーは、自分の考え方とゲーテの考え方の相違を興味深く説明している。シラーはゲーテの世界観の根源的で自由な性質を感じてはいても、一面的に理解されたプラトンの思想要素を自分の精神から切り離すことができない。理念と知覚とが現実の中では分かれておらず、方向を間違えた理念の下で、知性が人工的にこの二つを分けて考えただけだとまでは洞察できない。だからシラーは、ゲーテの思考を直観的と呼び、自分の思考を思弁的と呼んで対比し、このいずれも十分に力強く働くなら、同じ目標に到るに違いない、と主張する。

シラーによれば、直観する精神は経験的、個別的なものにこだわり、そこから法則へ、理念へ高まろうとする。そういう精神が天才的であれば、経験の中に必然を、個別の中に類を認識するであろう。一方、思弁する精神は逆の道を辿る。まず法則、理念が与えられる。そして、そこから経験的、個別的なものへ降りていく。こういう精神が天才的であれば、常に類を意識しつつ、生の可能性と現実対象への根拠のある関わりを見失うことはない。精神態度を思弁的と直観的とに特殊化して考えるのは、理念界は知覚世界とは別の特別の存在なのだという信仰に基づいている。もしもこれが正しかったら、理念内容が知覚対象を超えて真理に到る道が存在することになる。精神が道を経験の中に求めなくてもよくなる。

しかし、理念界と経験界とが不可分に結びついているなら、この両者はひとつの全体であるなら、経験の中に理念を求め、個別と同時に類を把握する直観的認識だけが存在しうることになる。事実、シラーの意味での純思弁的な精神など存在しない。なぜなら、類は個の属する領域の中にしか存在していないのだから。精神は類をそれ以外のどこにも見出すことはできない。いわゆる思弁する精神が本当に類の理念をもっているなら、その理念を現実世界を観察することによって得たはずである。類と個との必然的な関連を、理念を得るのに必要なこの関連を生きいきと感じとることができないとき、理念は経験なしにも、理性だけで生じうる、と考えるようになる。そう考える人は、抽象的な類理念を集めて、それを純粋理性の内容であると考え、理念と経験との間の絆《きずな》を見ようとはしない。

一般理念、包括理念を考えるとき、人は容易にこのような錯覚に陥る。現実の広範囲な領域にまたがる一般理念を考えるとき、その領域内の個に属する事柄を無視したり、否定したりしてしまう。その一般理念は過去の学説から取り出されたものなのに、それを人間本性に由来するものだとか、純粋理性の要請に応えたものだとかと信じてしまう。こういう信仰に陥っている人が思弁する精神なのである。

こういう精神は、過去から伝えられてきたものを、自分の理念界から取り出してきたのだと思っている。シラーは、思弁する精神が天才的であれば、「常に類を意識しつつ、生の可能性と現実対象への根拠ある関わりとを見失うことはない」（一七九四年八月二三日付のゲーテ宛書簡）と述べているが、それは間違っている。類概念の中でしか思弁を働かせようとしない「思弁する精神」は、その理念世界の中で、現実との関係を基礎づけようとしても、その基礎づけは、あらかじめ理念世界の中に存在していることが分かっている「現実との関係」を基礎づけているだけなのである。

自然の現実に関わりをもちながら、自分を思弁する精神であると考える人は、自分の本性を錯覚している。この錯覚の結果、現実との関係、直接的な生との関係を忽《ゆるが》せにしてしまう。現実以外にも真理を汲み取る源泉があると思っているので、じかに観察しなくてもいいと信じている。だから、こういう精神の理念世界は、常に味気のない、色あせた性格をもっている。その精神の抱く思想には、人生のあざやかな色合いが欠けている。

現実の上に立って生きようとする人には、こういう思想世界はあまり役に立たない。思弁する精神は、直観する精神と肩を並べることができない。それは萎縮した、生気に乏しい考え方しかもてない。直観する精神は、個に関わるだけではない。経験する現実の中に必然的なものを求めるのではなく、自然に向き合うとき、知覚と理念とがその精神の中で直接ひとつに結びつくのである。知覚と理念とが結び合って、一体化される。直観する精神は最高度に一般的な真理、最高度の抽象化にまで昇っていくことができる。しかも、常に生《なま》の現実生活がその思想世界の中に息づいている。

ゲーテの思考はそういうものだった。ヨハン・クリスティアン・ハインロート「一七七三―一八四三、人類学者」は、彼の人類学の中で、この思考について適切な言葉を用いた（『人類学教程』一八二二年）ので、ゲーテは自分の本性を明らかに示してくれたと思って、非常に喜んだ――「ハインロート博士は……私の本質と私の活動について好意的に語ってくれている。彼は私の認識態度が独特で、私の思考能力が対象に即して働いていると述べている。彼の言おうとしているのはこういうことだ。私の思考は対象から離れない。対象の諸要素、直観内容は思考の中に入っていき、思考に深く浸透されている。私の直観そのものが思考であり、私の思考は直観である」（「ひとつの見事な言葉が与える重要なはげまし」一八二三年）。

ハインロートは、どんな思考も健全であれば、対象から離れることはない、と述べているにすぎない。そうでない認識方法はすべて、自然に応じた道から迷い出てしまう。直観は個に結びついているが、しかしそのままだと、現実の深い根拠に達することはできない。抽象的な概念だけでは、生きた現実の豊かさを理解するのに十分ではない。直観の片寄りは、個々の事実だけで満足する粗野な経験しかもたらさず、抽象的な思考の片寄りは、純粋理性だけに頼って、思想が本質的に直観と結びついているのを感じとることができないのである。

生《なま》なましい経験を保ったまま至高の真理へ高まろうとする思想家の感情を、ゲーテは美しいイメージで描いている。一七八四年の初頭、彼は花崗岩について論文を書いている。彼は花崗岩から成る山頂に立って、こう述べている。——

「今お前の足が踏みしめているこの岩盤は、地球のもっとも深い層にまで続いている。お前と世界の根源の堅い地盤との間に、どんな新しい地層も、どんな沖積《ちゅうせき》した地層も介在していない。お前はあそこに見える地味豊かな谷間の中でのように、古い墳墓の上に立つこともない。この山頂は生あるものを何ひとつ生み出さなかったし、生あるものを何ひとつ呑み込むこともなかった。この山頂は生命以前の存在であり、そして一切の生命を超えている。今この瞬間に、引き寄せ、動かす内なる力を、大地は私に向けて直接働かせ、天の影響は私の周りで働きを及ぼしている。だから自然をいつもより深く感じとりつつ、私は、人間精神がすべてを活性化するように、抵抗しがたく崇高なひとつの比喩に心を突き動かされている。私は自分に向かってこう語る。――この岩だらけの山頂を見下ろし、足もと近くに僅かな苔を見るだけの私が孤独であるように、原初の深い真理感情だけに心を開こうとする人も孤独なのだ。

そういう人は自分にこう語りかけるだろう――「天地創造の深層に直接設けられたこの最古の、永遠の祭壇の上で、今私は一切の存在の主に供犠《くぎ》を捧げる。私はわれわれの生存の確かな始まりを感じる。私は世界を見渡す。谷間のそそり立つ岩壁、ひらけた谷間とそれに続く豊かな牧草地を見渡す。私の魂は自分を超え、一切を超えて高められ、近い天上に憧れを寄せる。しかしやがて、燃える太陽が飢えと渇きを、人間の要求を思い出させる。彼の精神がそこから飛び立ったあの谷間がなつかしくなる」。

繰り返して理念世界の諸領域から生《なま》の直観への道を逆に辿る人だけが、最古の確かな真理への感覚、認識への熱狂を自分の中に育てることができるのである。

人格と世界観

人間は観察を通して自然の外側を学び、自然の奥に存する衝動は、人間自身の内部で主観的な体験となって現れる。人間の主観的な体験は、哲学による世界考察や芸術鑑賞、芸術創造の中で、客観的な観察と結びつく。二つに分裂していたものが、ふたたび人間精神の中でひとつの全体になる。

人間は自分の内部で開示される深い秘密が客観世界と結びつくとき、最高の精神的な満足を得る。認識内容も芸術創造も、人間の内的な体験と結びついた客観世界の観察結果にほかならない。外界の事物や出来事についてのどんなに素朴な判断においても、人間の魂の体験と外界の観察とが互いに密接に結び合っている。

「物と物とがぶつかる」というときの私は、すでに内的体験を外界に移している。私は運動する物体を見る。その物体が別の物体にぶつかる。そうすると、この別の物体も動き出す。こういう言葉で知覚の内容が表現されている。そのときの私は、思考を停止していたのではない。

単なる知覚内容以上の何かがこの一連の現象の中に存在する、と私は考えている。この知覚体験を解明してくれる内的体験を私は求める。私は自分で力を利用して、衝突によって物体を動かすことができる。私はこの体験を現象に移して、物と物とがぶつかる、と言う——「人間は自分がどれほど擬人化して考えているか、少しも分かっていない」（ゲーテ『散文の格言』キュルシュナー版第三六巻の二、三五三頁）。

外界についてのどんな判断の中にも、主観的な部分が働いている。このことから、人間は現実の客観的な本質に到ることができない、と考える人がいる。そういう人は、主観的な体験を現実の中に移し入れるとき、現実の直接的、客観的な事象が歪曲されてしまうと思って、人間は世界を自分の主観的な生活の眼鏡でしかイメージできないのだから、人間の認識はどれもこれも主観的に制約された認識でしかない、と結論づけてしまう。

けれども、何が自分の内部で開示されるのか分かっている人は、こういう不毛な主張に関わろうとは思わない。真実が現れるのは、知覚と理念が認識過程の中でひとつに結びつくときだからである。本来の、本質的な客観は主観の中に生きているのだ——「人間の健全な本性が全体として作用するとき、世界を生きる人間が偉大で美しく、価値のある全体の中にいる自分を実感するとき、調和の喜びが純粋で自由な感動を呼び起こすとき、そのとき全宇宙は——もしもそのときの自分が感じられたら——目標に達したと感じ、歓声を上げて、みずからの生成と生存の頂点を讃美するであろう」（「ヴィンケルマン」キュルシュナー版第二七巻、四二頁）。

単なる観察で得られる現実は、現実全体の半分にすぎない。人間精神の内容がもう一方の半分である。人が世界に向き合わなければ、このもう一方の現実は、決して完全な姿で生きいきと現れてはこない。隠れた力の世界として作用するだけで、独自の姿をあらわすことはない。だから人間ぬきの世界は、偽りの顔を示すだけなのだ。現実はその在りように従って深層で作用するであろうが、その深い作用力は、みずからを覆い隠し続ける。その封じ込められた状態は人間精神の中で初めて解放された状態に変わる。人間はでき上がった世界をただイメージするだけの存在なのではない。世界の成立にみずからも関与している。

*

主観的な体験は、一人ひとり異なる仕方で生じる。だから内面世界の客観性が信じられない人は、事物の本質に到る能力が人間にはないと思っている。事物の本質が人によって異なる現れ方をするのなら、その現れを本質であると認めることはできない、というのだ。しかし、内面世界の真の本性を洞察する人は、内面の体験が異なるのは、ただ自然がその豊かな内容を一人ひとりに異なる仕方で語るからだと思うだけである。真実が一人ひとりの内部で、一人ひとりの人格の特質に応じて、そのつど個性ある衣裳をまとって現れる。このことは人間にとってもっとも重要な、至高の真実について特にあてはまる。真実を手に入れるために、人は自分の精神の内密な体験を自分の見た世界に移し入れるが、そのとき自分の人格のもっとも特徴的なものをも移し入れる。

個人的な色合いをもつことなく、誰もが受けとることのできる真実も存在する。しかしそういう真実は、極めて表面的な、極めてありふれた真実である。そういう真実は、誰もが同じようにもっている人体のようなもので、そこからは同じ判断しか出てこない。計ったり、数えたりするときの判断は、誰がやっても同じである。誰にとっても数学上の真理は同じである。

けれども、人間個性は一般的な人体上の特徴とは異なる特徴をもっており、その点に真理が個別的に形成される根拠がある。ある人の場合に真実が別の人の場合とは異なる現れ方をするかどうかが問題なのではなく、どんなに異なる形姿が現れようとも、そのすべてが同じひとつの全体から、統一的な理念界から生じていることが大切なのである。真実は一人ひとりの内部で異なる語り方をする。偉大な人物の語る真実の言葉は、このひとりの人物だけからしか発せられない。「自分と自分自身との関係、並びに自分と外の世界との関係、この二つの関係が共に分かったとき、私はその関係を真実と呼ぶ。だから誰でも銘々が自分自身の真実をもつことができ、しかもその真実は常に同じ真実なのである」（『散文の格言』キュルシュナー版『ゲーテ自然科学論集』第五巻、三四九頁）。

ゲーテはこういう考え方をしていた。ひとりの人物だけが持ちうる真実だから、硬直した、生気のない概念系なのだ、というのではなく、真実とは人間精神がその中で生きている海なのであり、多種多様な波をその表面に現しうる生きた海なのである。「理論そのものは何の役にも立たない。理論はさまざまな現象の関連を教えてくれるときにのみ意味をもつ」、とゲーテは言う（『散文の格言』同三五七頁）。

ゲーテは永遠の真理を表現しようとして、ただただ完璧であろうとする理論をまったく信用しない。彼が求めるのは、個人の精神が自分の個性に従って、それぞれ自分の立場を確立するのに必要な生きた概念である。彼にとって真実を認識するとは、真実を生きるということなのである。そして、真実を生きるとは、個々の事物を考察するに際して、その事物に向き合って内的な体験をもつことなのである。

人間の認識についてこのように見るときには、認識に限界がある、人間本性が認識を制約している、と語ることはできない。なぜなら、この観点からの認識の問いは、事物から出た問いではないのだから。その問いは外なる他者の権力によって課せられているのではなく、人格の本性そのものから発せられている。事物に眼を向けるとき、知覚の提供する以上のものを見ようとする衝動が心の中に生じる。そして、その衝動の及ぶ限り、認識欲求が働く。この衝動は何に由来するのだろうか。知覚内容に結びつきたいと願う魂の内的な体験に由来する。その結びつきが生じると、認識欲求も充たされる。認識への意志は人間本性の要求であって、事物の要求なのではない。事物は、人が求める以上に自分の本質を語ることはない。

　認識能力の限界を主張する人は、認識欲求が何に由来するのか分かっていない。そういう人は、真理内容がどこかに保存されていて、その保存場所への通路を見つけたいという不確かな願いだけが人間の中にあると思い込んでいる。しかし、人間の内部から現れ出て、事物の本質が帰属している「知覚」に到ろうと努めているのは、当の事物の本質そのものなのである。認識過程を辿る人間は、隠されたものを得ようと努めているのではなく、内からと外からの両側面から働きかけてくる二つの力の調整に努めているのである。事物の内面の認識は、人間がいなければ存在しないだろう。なぜなら、人間がいなかったなら、事物の内面を語らせるものは何もなくなってしまうのだから。

　事物の内部に人間の達しえない部分がある、と言うことはできない。もちろん知覚の提供するものだけが事物なのではない。しかし、事物における知覚内容以外の部分は、人間自身の内部に生きているのである。それとは別の何かがさらに事物にあるというのであれば、存在しない何かについて語っているだけのことになる。

＊

人間の内部で事物が言葉を語っている。このことが分からない人は、一切の真理は外から人間の中に入ってくる、と考えている。そういう人は単なる知覚だけを頼りに、見て、聞いて、手で触《さわ》れるものだけを拾い集めたり、もしくは歴史上の出来事を記録したり、または事実世界から受けとったものを計算したり、計ったりすることで、真理が認識できると信じている。あるいはまた、認識を超えた仕方で開示されるときにのみ、真理が人間に与えられると考えている。あるいはまた、これが最後になるが、エクスタシーや神秘的直観というような特別の能力で、最高の洞察を得ようとする。そして、そういう洞察内容は思考が把握する理念界からはうかがい知ることができないものだと考えている。

　カントの意味で思考する人や一面的な神秘家と同列に並んでいるのは、ある種の形而上学者である。形而上学者は思考によって真理概念を作ろうとするけれども、その概念の中味を人間の理念界の中で得ようとはしないで、事物の背後に存する第二の現実の中で得ようとする。そして、純粋な概念によってそういう中味に確かさを与えることができるか、もしくは少くとも仮説によってその中味についてイメージすることができると考えている。

　ここで私は、第一に挙げた人たちのことを「事実狂信者」と呼びたい。この人たちも、計算するという思考の働きで、観察内容に手を加えることができると思っているが、思考作業は単なる手段にすぎない、事物相互の関連を認識するための手段にすぎない、と言うのである。

外界に手を加えるとき、思考から生じるものは主観的なものにすぎないのだと言う。この立場の人たちが客観的な真理内実、価値ある認識内容とみなすのは、思考の助けで外から自分のところにやってくるものだけである。彼らは諸事実を自分の思考の網で捕らえようとし、そうやって捕らえたものだけを客観的だと思っている。その人たちは、この捕らえたものを思考を通して解釈し、秩序づけるとき、観察内容とは異なるものになっていることに気がつかない。数学は純粋な思考過程の所産であり、その内容は精神的、主観的なものなのである。そして、自然の経過を数学的関連の下に観察する機械技術者は、この関連が自然のこの経過の本質に基づいているということを前提にしている。言い換えれば、観察の中には、数学的秩序が隠されて存在している。そして、数学の法則を精神的に形成する人だけがこの秩序を見てとることができる。

数学的、機械的な見方と内密な精神体験との間には、何も質的な違いはなく、程度の差があるにすぎない。数学研究と同じ権利をもって、それとは別の内的体験という理念界のもうひとつの分野を観察の中に組み入れることができる。事実狂信者は、純粋に外的な諸経過だけに信頼をおくが、それは皮相な態度である。だから大抵の場合、理念界を主観的な体験の産物であるとして、無視しようとする。その人の内的体験は力に充ちた事実内容に曇らされて、内容空虚な、血の気の抜けた抽象物になっている。その人が計算し測量するという、自然解釈のもっとも低次の段階に留まっている限り、自分の錯覚に気づくことはできない。

もっと高い段階に立てば、すぐに認識の本性に出会う。けれども事実狂信者は、好んで最下位の段階に留まろうとしている。ちょうど楽曲を計算だけで評価しようとする美学者に似ている。彼は自然現象を人間から切り離そうとする。主観的なものは一切観察の中にまぎれ込んではならないと思い込んでいる。

ゲーテはこういう態度について、次のように語っている——「健全な感覚を働かせている限り、人間は存在するもっとも偉大な精密装置である。だから実験を人間から切り離して、人工的な観察用具だけで自然を見ようとし、そうすることで自分の能力を制限しながら成果をあげようとする。これは近代物理学の最大の不幸である」（『散文の格言』キュルシュナー版第三六巻二、三五一頁）。

こういうやり方をするのは、主観的であることを恐れる結果である。その恐れは、主観の真の性質を誤解することによって生じる。「しかし、高いところに立ったときの人間は、いつもは表現できないものを表現する。音楽家の芸術的な耳に較べて、絃とは何なのだろうか。絃の機械的な分割とは何なのだろうか。さらに言えば、人間に較べて自然現象とは何なのだろうか。

自然現象は、順応させるために、まずはじめに制御し、限定しなければならない」（『散文の格言』、同三五一頁）。

ゲーテによれば、自然研究者は事物がどのように現れるかに注意を向けるだけではいけない。事物の中の理念的な衝動の力がどのように現れるかにも注意を向けなければならない。人間の魂と体の組織が向き合うとき初めて、現象はその内面を開示するのである。

ゲーテによれば、自由な、開かれた観察力をもち、しかも事物の理念を読み取るほどに発達した内面生活をもって現象に歩み寄る人には、現象がみずからのすべてを開示するのである。したがって、ゲーテの世界観に対立するのは、事物の本質を経験界の現実に求める立場ではなく、経験的現実の背後に存する第二の現実に求める立場である。

ゲーテはこういう世界観の信奉者であるフリードリヒ・ハインリヒ・ヤコービ［一七四三〜一八一九、思想家］と出会ったとき味わった不快感を（一八一一年度の）日記帳の中で、こう総括している――「ヤコービの『神的事物について』は私を元気にさせてはくれなかった。心から愛する友の本なのだから歓迎したかったのに、自然は神を隠している、という命題がそれを妨げてしまう。自然の中の神、神の中の自然に出会えることを確信させてくれたのは、私の純粋な、深い、生来身についた、そして訓練によって身につけた考え方、見方だった。それが私の全存在に生きる意味を与えてくれたのだ。こんな奇妙な、一面的で偏狂な発言が敬愛するこの高貴な人物から私の心を永遠に遠ざけてしまっていいものだろうか」（一八一一年の日記、ワイマール版全集第一部第三六巻、七一―七二頁）。

　ゲーテの観察方法は、自然の中に浸透している永遠に合法則な理念を体験させてくれた。そして、永遠に合法則なものはゲーテにとって神の存在と同じことだった。もしも神が自然の背後に隠れており、しかも創造的な要素が事物の中で働いているというのなら、神の働きを観察することができなくなってしまう。神は信じるものでしかなくなる。ゲーテはヤコービに宛てて、彼の信仰に対して自分の観察を次のように擁護している――「神は貴兄を形而上学［超物理学の意―訳者］で罰して、肉体に棘《とげ》を与えられた。そして、私を物理学で祝福された。私は無神論者スピノザの神の敬い方のほうに与《くみ》する。そして、貴兄らの宗教がどういうものなのか、その論議のすべてを貴兄らにまかせる。貴兄は神信仰を大事にしている。私は観察を大事にしている」（一七八六年五月五日付）。

　この観察がなくなれば、人間精神は何も探求できなくなる。『散文の格言』はこう述べている――「人間は、現実世界の中心に置かれている。そして、その世界の現実性と可能性を認識し実現するための器官をそなえている。健全な人なら誰でも、自分の人生を信じ、周囲の存在を信じる。とはいえ、たしかに脳の中には空虚な場所もある。つまり眼の中に盲点があるように、どんな対象も映し出せない場所がある。この場所に特に注意を向け、その中に沈潜すると、精神病になってしまう。そのとき予感される別世界からの事象は本来、異様なものであって、形も輪郭もなく、空虚な夜の空間の恐怖を与え、振り切ることのできない人のあとを幽鬼のように追いかけてくる」（キュルシュナー版第三六巻の二、四五八頁）。

同じ立場からのこういう発言もある――「一番いいのは、事実のすべてがすでに理論であることを理解することであろう。天の青さは色彩論の根本法則を明らかにしている。現象の背後に何かがあると思ってはならない。現象そのものが教えなのである」（『散文の格言』キュルシュナー版『ゲーテ自然科学論集』第五巻、三七六頁）。

カントは自然の創造力を直接観察できる能力など人間にはない、と思っている。カントによれば、概念とは人間悟性が自然の多様な細部をひとつにまとめる抽象的な統一作用ではあっても、自然の細部を生じさせる自然の創造性、その生きた統一体とは無関係なのである。人は関連づけを主観的に行っている。人は自分の一般概念を経験界と結びつける。しかし、その概念自身は生きておらず、生産的ではない。だから個物を概念から生じさせる働きは直観できない。

カントにとって、概念とは人間だけのための単なるひとつの統一体である。――「われわれの悟性は、概念の能力である。つまり、ひとつの論証的な悟性である。自然の中の特殊なものは、それが何であれ、どんなに異なっていようとも、概念化できるものであるなら、それはこの悟性にとっては偶然の所産であらざるをえない」。

これが悟性についてのカントの性格づけである（『判断力批判』七七章）。この性格づけの結果は、こうならざるをえない――「理性にとって限りなく重要なのは、自然物のメカニズムの解明に力を尽くすことである。このメカニズムなしには、事物の本性を洞察することができないからである。最高の建築家［神のこと―訳者］が自然の形態を、太古以来のその形態を直接創造したということや、または同じ模型に従って継続して形成するように予め定められていたということが人びとに認められたとしても、そんなことではわれわれの自然認識は少しも促進されない。われわれはあの存在［神―訳者］のやり方をまったく知らないのだし、自然の創造の諸原理を含んでいるというあの存在の諸理念をまったく知らないのだから。そしてわれわれは、上から降りて来られたあの存在（先天的存在）について何ひとつ解明することができない」（『判断力批判』七八章）。

ゲーテは、理念の働きが創造する自然の働きを直接体験させてくれる、と確信していた。「もしも神への信仰と徳と不死とが、われわれを高次の領域へ引き上げ、第一存在にわれわれを近づけてくれるというのなら、われわれが常に創造を続ける自然を観察し、自然の所産に精神的に関与することで、知的に同じことをしているのではないだろうか」（「観察する判断力」キュルシュナー版第一巻一一六頁）。

人間精神の働きが及ぶ経験界、理念界の根拠となっていながら、しかもその経験界、理念界の中には見当たらないような本性たちがいると語るのは、ゲーテの世界観の精神とは相容れない。だからどんな形而上学も、この世界観からは拒否される。正しい立て方をすれば、答えの見つからぬような認識上の問題など存在しない。

ある時代の学問が特定の現象領域を解明できなかったとしたら、その理由は人間精神の本性にあるのではなく、この領域についての経験がその時代にはまだ十分ではなかったという、偶然的な事情によるのである。仮説は、経験可能な領域の外にある事柄についてではなく、いつか経験することができる領域の事柄について立てられるのでなければならない。仮説とは次のことを意味している――「ある現象領域内ではこれこれしかじかのことが経験できる、と予想される」。

人間の感覚的、精神的な観察の範囲外にある事柄について、そもそもわれわれの思考力が何かを語れるはずはない。人間に知覚を生じさせるが、みずからは知覚されないという「物自体」が仮説として立てられるとしたら、そもそもその仮説そのものが根拠をもちえない。「仮説は、建物を造る前に組み立てられ、建物が出来上ったら取り除かれるような枠組みである。それは作業者には不可欠なものだが、作業者はそれを建物だとは思っていない」（『散文の格言』キュルシュナー版『ゲーテ自然科学論集』第五巻、三五八頁）。もしも、ある現象領域が十分に知覚でき、理念的にも十分に考察できたなら、人間精神はその領域が解明されたと思い、満足する。そして、理念と知覚の生きた共鳴がそこに響いていると感じる。

＊

　ゲーテの世界観から受けとる根本的な気分は、神秘家の場合に観察できる気分に似ている。神秘主義は人間の魂の中に事物の根源でもある神性を見出そうとする。神秘家もゲーテも、内的体験の中に世界の本質が開示されると確信している。ただ、ある種の神秘家は、理念界に沈潜しようとは望んでいない。それが目ざす内的体験であるとは思っていないのである。そういう一面的な神秘家は、理性の明確な理念について、ほぼカントと同じ立場に立って、理念は自然の創造性とは直接の関係をもたず、もっぱら人間悟性に属している主観的なものだと思っている。

　したがってこういう神秘家は、例えば脱魂（エクスタシー）のような、特殊な状態を生じさせることによって最高の認識、高次の直観を得ようとする。みずからの中の感覚的な観察力や理性的な思考力を殺して、感情生活を高めようとする。そうすれば、自分の精神性の中に神性を直接感じとることができると思っている。そうできた瞬間には、神が自分の中に生きている、と信じられるというのである。

　ゲーテの世界観の立場に立とうとする者も、同じような感情を呼び起こすことができる。けれどもゲーテの世界観の場合には、観察と思考を殺したあとの体験から認識を汲み上げるのではなく、まさにこの観察と思考から、そうするのである。ゲーテの世界観は、人間の精神生活の異常状態に逃れるのではなく、通常の素朴な精神的態度でも十分にこういう認識を完成させることができ、自然の創造行為を自分の中に体験することができる、という立場に立っている。「私の考えでは、最後に残るのは、通常の理解力があえて高次の領界で学ぼうとして、実践的に、自己に厳しく作業することだけである」（「経験と科学」キュルシュナー版『ゲーテ自然科学論集』第五巻、五九五頁）。

ある種の神秘家は曖昧な感情世界に沈潜し、ゲーテは明確な理念世界に沈潜する。一面的な神秘家は明確な理念を軽蔑する。明確なものは表面的だと思っている。生きた理念界に沈潜する人が何をどう感じているのか、何も分かっていない。そういう神秘家が理念界へ赴くと、その冷気に凍りついてしまう。外から熱を自分に流してくれる世界内容を求めているからである。しかし、熱を流し込んでくれるような世界内容では、世界は解明されない。そういう世界内容は、主観的な刺戟と混乱したイメージから成り立っているだけなのだから。理念界の冷気について語る人は、理念を思考するだけで、体験していないのだ。

理念界の真の生命を感じとれる人は、比類のない熱に包まれた世界本質を、外にではなく、みずからの内に感じとる。自分の内に世界の秘密があり、その秘密の火が自分の中で燃え上がるのを感じる。イタリアでのゲーテに作用する自然が見えたとき、彼はそのように感じた。当時、彼はフランクフルトで「ファウスト」に、次の言葉を語らせたときの憧れをどう静めたらいいのか分かったのだ。——

無限の自然よ、どこにいるのか。
乳房よ、どこにあるのか。すべての生命《いのち》の根源よ、
天も地もお前に頼っている。
しなびた胸はお前を求めている。

宇宙諸現象のメタモルフォーゼ

ゲーテの世界観が最高の成熟を示すのは、両極性と高まりという、自然の駆動力の二大原理の意味をはっきり見てとることができたときからである（論文「自然」を註釈した私の論文、キュルシュナー版第三四巻、六三頁以下参照）。

両極性は、物質としての自然現象に固有の原理である。磁石に北極と南極があるように、すべて物質存在は二つの対立状態の下に現れる。物質のこの状態は、眼の前に顕現することもあれば、物質存在の中に微睡《まどろ》んでいることもある。しかし、適当な手段さえあれば、その微睡みを目覚めさせることは可能である。

高まりは、現象を高い観点から、つまり発展の理念の下に自然経過を考察する場合に見えてくる。発展のさまざまな段階において、自然経過はその根底に存する理念を、多少なりとも明らかに外に表わす。植物の理念、植物の法則は、果実の中では曖昧な現れ方しかしない。精神によって認識される理念と知覚内容とは互いに区別されなければならない。「植物の法則は花の中で最高の現象形態をとる。そして、ばらの花はすべての花の頂点にあると言えよう」（『散文の格言』）。

ゲーテが高まりと呼んだ概念は、創造する自然を通して、精神内容を物質内容から際立たせてくれる。自然が「常に高まろうとしている」。自然は、高まろうとする秩序の中で、事物の理念をますます明らかに表わす構造物を外なる現象として造り出す。

ゲーテによれば、「自然は秘密のままにしておくことはない。どこかで注意深い観察者の眼の前に生まの姿を示す」（一七九〇年の日記）。自然は、共通した諸経過を生じさせている一大分野における共通の理念を、直接読みとることができるような現象をつくり出す。そのような現象において、高まりはその目標に達する。そこでの理念は、直接知覚できるものになっている。そこでは自然の創造精神が事物の表面に現れている。粗野な物質現象には、思考によってしか把握できない姿がある。その姿は精神の眼によってしか見ることができない。しかしその姿は、高められた状態においては、肉眼でも見える。すべての感覚存在がそこでは精神的となっており、すべての精神存在がそこでは感覚的となっている。

ゲーテは、全自然を精神的なものだ、と考えている。自然の諸形態が異なるのは、その形態の中で精神が多かれ少なかれ、外からも見えるものになっているからである。精神のない、死んだ物質など、ゲーテにとっては存在しない。自然の精神がみずからの理念存在に似つかわしくない外形を示している場合、その事物は死んでいるように見える。

精神が自然の中で、そして人間の内部で働いているからこそ、人間は自然の生産活動に参加することが許されている。

「屋根から落下する煉瓦から、お前が受けとって人に伝える明るい精神の展望に到るまで」、すべてがゲーテにとっては宇宙の中の同じ創造する精神の働きであり、現れなのである。「われわれの経験するどんな種類の作用も、すべての作用はゆるぐことなく関連し合い、相互に移行し合っている。始めから終わりまで、同じ波紋が拡がっている」。

「煉瓦が屋根から落ちる。われわれはそれを見て、そのときたまたま落ちてきたのだと思う。その煉瓦が通りかかった人の肩にただ機械的に当ったと思う。けれども、機械的にそうなっただけなのだろうか。重力の法則に従って、物質的な作用が煉瓦に及んだ。砕かれた肩の骨はたちまち生理機能を停止する。一瞬にして体液は化学反応を起こし、物質としての特性を示す。しかし、損われた有機的生命は同じくすみやかに反応して、再生し始める。けれども、その人は多少なりとも意識を喪失し、心理的に混乱する。われをとりもどしたとき、その人の人格は、倫理的に深く傷つけられている。人格は仕事ができなくなったのを嘆く。いやでも仕事を休まなければならない。一方、宗教的にはこの事件を、天の定めと観じ、より大きな不幸から自分を守ってくれた、より高次の善へと導いてくれるきっかけを与えてくれた、と感謝する。この態度は、まだ苦しんでいる最中は、目標にすぎなかったが、恢復に向ったときには天才的な立ちなおりを示し、神と自分とを信じつつ、救われたと感じて、この偶然を、新たな生活を始めるための機会に利用する」（「色彩論」の補遺）。

ゲーテにとってはこの世のすべての働きが精神の顕現なのである。この世の出来事に沈潜し、その出来事の偶然的なものの段階から天才的なものの段階までを考察する人は、精神のメタモルフォーゼを、精神が自分に不似合いな外的現象となって現れる段階から、自分の本源の姿で現れる段階まで、そのすべての段階を辿ることができる。

創造する力はすべて、ゲーテの世界観から見れば、統一的に働いている。それらの力は、互いに似た多様性の中で発展していくひとつの全体なのである。とはいえ、ゲーテは世界の統一性を単純化して考えることはしなかった。統一性思想の信奉者はしばしば、同じ現象領域に見られる合法則性を自然全体に適用しようとする過ちを犯す。例えば、機械論的世界観がそうである。その立場の人は機械的に説明できる事柄には特別の眼と理解力とをもっている。そして、機械的なものだけが自然にふさわしいと思っているので、有機的自然の諸現象をも機械的な合法則性に還元しようとする。生あるものとは、その人によれば、機械的な諸経過がからみ合った複雑な形態であるにすぎない。

ゲーテはそういう世界観の特にひどい例を、ポール・ハインリヒ・ディートリヒ・ホルバッハ［一七二三〜八九、フランスの哲学者］の『自然系』の中に見出した。ゲーテはシュトラースブルクでこの本を手にした。永遠の昔から物質があった。物質は永遠に運動し続けて、右と左で、全側面で、何にもこだわらずに、限りなく現象を生み出してきたという。

「もしもこの著者が彼の主張するような、運動する物質から本当に宇宙を私たちの前に組み立てて見せてくれたのなら、われわれもこういうすべてを喜んで受け入れたであろう。しかし、彼は自然のことをわれわれと同じくあまり知ってはいなかった。なぜなら、彼は若干の一般的な概念を提示するだけで、すぐにそこから離れて、自然よりも高次のもの、もしくは自然の中の高次の自然と思えるものを物質的な、重たい、運動する、けれども方向も形態もおぼつかない自然に変えようとする。そして、それで十分だと思っている」（『詩と真実』第二巻）。

ゲーテがエミール・デュ・ボア＝レイモン［一八一八〜九六、自然学者］の次のような命題（『自然認識の限界』、一三頁）を知ったなら、きっと同じような発言をしたであろう――「自然を認識するとは……物体界の変化を原子の運動に還元することなのである。ちなみにその原子なるものは時間から独立した中心の力によって生じた。言い換えれば、自然を認識するとは、自然の諸経過を原子の機械的な関係に解消してしまうことなのである」。

ゲーテは自然のさまざまな作用の仕方に共通性があり、相互に移行し合っていると考えたが、しかし、それらの作用を決してたったひとつの方式に還元しようとはしなかった。すべての自然現象を抽象的な同じ原理に還元しようとはせず、現象する諸分野のそれぞれの中で、一般的な合法則性のそれぞれの特殊形式を通して創造する自然がみずからを開示する特徴的な仕方を考察しようとした。すべての自然現象にひとつの思考形式を押しつけようとしたのではなく、まるで自然そのものの態度を示すかのように、さまざまな思考形式の中に沈潜しつつ、精神を生きいきと柔軟に受けとめようとした。すべての自然作用の偉大な統一性を深く感じとったときのゲーテは、汎神論者だった。

「私の本性は多様な傾向をもっているので、私はひとつの考え方で満足することができなかった。詩人、芸術家としての私は、多神論者である。一方、自然研究者としての私は、汎神論者なのである。そのいずれの立場も、私には大切なのだ。道徳的な人間として自分の人格のために或る神を必要とするときの私は、すでに有神論者になっている」（一八一三年一月六日付、ヤコービ宛書簡）。

芸術家としてのゲーテは、理念が直接眼の前に現れるような自然現象を求めた。その場合は、一つひとつのものが直接神であるかのように、世界を神的個性たちの集まりであるかのように思えた。

自然研究者としてのゲーテは、個的存在の中に理念が見えにくい現象の中でも、自然の働きを追求しなければならなかった。

詩人としてのゲーテは、神的存在の多様性のもとに身をおくことができたが、自然研究者としての彼は統一的に働く自然理念を求めなければならなかった。「最大の自由のもとで、自己固有の条件に従って現象するときの法則は、客観美を生じさせる。もちろん、この客観美はそれを正しく受けとめるにふさわしい主観を見出さなければならないけれども」（『散文の格言』）。

ゲーテは芸術家として、個別に存在するものの中にこの客観美を見ようとする。しかし、自然研究者としての彼は、「一般の自然が働くときの法則を知ろう」（『散文の格言』）とする。多神論は、個別的なものの中に神的なものを見、そして、うやまう思考方法である。汎神論は神を全体として把握する思考方法である。この両思考方法は並存させることができる。眼を自然全体に向けるのか、それとも個的存在に向けるのかによって、思考方法のこのいずれかが優勢になる。自然全体が一つの中心点からの生活となり、結果となる一方で、自然は個的存在の中で、全分野を超えて拡がるものを一つの形態の中にまとめあげることもできる。

例えば、創造的な自然力が「数千の植物」のあとでさらにもう一つの植物を造るとき、このような諸形式の統合が生じる。この最後の植物の中には「他のすべてが含まれている」。あるいはまた「数千の動物のあとでそのすべてを含んだ存在、つまり人間が造られる」（『エッカーマンとの対話』）。

＊

ゲーテは、あるときこう語った――「これら（私の著作）と私の存在そのものを理解した人は、それによって内的な自由を手に入れてくれるだろう」（官房長フォン・ミュラーとの対話、一八三一年一月五日）。

ゲーテはこの言葉で、すべての認識行為のもつ効力のことを示唆したのだ。周囲の対象を前にして、その対象の在りようが外から組み込まれた原則に従っている、そういう原則に支配されていると考える人は、その限り自分の知らない力が対象に具《そな》わっており、その力が働きかけて、対象の法則を自分に強要してくる、と感じるだろう。そういう人が事物に向き合うと、自分には自由がない、と感じてしまう。自然の合法則性を硬直した必然だと感じて、その必然には従うしかないと思ってしまう。

自然の力が人間自身の内部に働く精神の力にほかならないことが分かったとき、自由を自然と共有している、と思えるようになる。自然の法則性が自分とは異質の力であると思っている限り、自分は強制されている、と感じてしまう。自然の本性の中に深く入って生きるなら、その本性の力が自分の内部にも働いている本性の力なのだと思え、自分が事物の生成と本質に生産的に関与していると感じられるようになる。そのような人間とはお前のことなのだ。しかも、あらゆる生成力を内に担ったお前自身なのである。人間は自分自身の行為の中で、外の力を働かせている。このことこそがゲーテの世界観の意味で認識行為による解放の過程なのである。

イタリアで芸術作品と向き合ったとき、ゲーテは自然における理念の働きをそこにはっきり見てとることができた。このような理念を所有する限り、人間は解放されている、とゲーテははっきり実感できた。ゲーテが「包括的な精神の認識方式」と呼んだ認識方式についての次のような記述は、まさにこの実感の表現なのである――「人間が誇りをもって『創造者たち』と呼べるような、万有を包括する存在たちは、最高度に生産的な態度を示している。万有を包括する存在たちは理念から出発することで、全体を統一している。そして、みずからをこの理念に組み込むのは、自然があとから行うことなのである」（「植物生理学準備研究」キュルシュナー版『ゲーテ自然科学論集』第五巻、五六三頁）。

けれどもゲーテは、解放行為を直接見てとることはなかった。それができるのは、自分で認識行為に耳を澄ます人だけなのである。ゲーテは最高の認識方式を身につけていたが、この認識方式そのものを観察したのではなかった。そのことをゲーテ自身がこう告白している。――

「どうしてそんなにうまくやれたのか。
お前はうまくやった、とみんな言っている」

利巧にふるまって
思考のことなど考えなかっただけさ。
（「控え目な風刺詩」第七部）

しかし、自然の創造力が「千万の植物のあとで」「すべての他の植物を含んだもう一つの植物」を創り出すように、同じ創造力は千万の理念を生み出したあとで、理念界全体を含んだ一つの理念を生み出す。そして、人間が諸事象を認識するだけでなく、さらに、思考そのものをも認識することができたとき、この包括的な理念をも把握する。

一方、ゲーテの思考は、常に直観対象に充たされていた。彼の思考は直観であり、直観こそが思考だった。だから、思考そのものを思考対象にしようとはしなかった。けれども自由を理念として把握するためには、思考を直観することができなければならない。思考を思考することと思考を直観することとをゲーテは区別しなかったが、もし区別していたならば、ゲーテ的世界観の意味で、思考そのものを考えることを拒否したとしても、思想世界を直観することは拒否しなかったであろう。

人間自身は直観の成立に直接関与していないが、直観の理念は人間の中で生きて働いている。そして、そういう理念が人間の中で働けるには、その理念を現象させることのできる生産力がそこに存在していなければならない。理念は事物の中で働いている。しかし、理念そのものを現象させるには、人間の活動がなければならない。だから、理念界固有の本性を人間が認識できるのは、自分の活動を直観するときだけである。どんな直観がほかにあろうとも、人間が作用する理念の本質にまで迫っていけるのは、理念を直観するときだけなのである。理念の作用を受ける事物は、人間精神の外で知覚内容として存在している。理念を直観するとき、すべての人間の内部に作用する側と作用を受ける側が共に含まれていることが分かる。人間はその作用の全過程を残りなく自分の内部に生きいきと現している。

　直観はもはや理念によって生み出されたものとは言えない。なぜなら、直観そのものが今は理念なのだから。しかし、自己創出的なもののこの直観は、自由の直観であるとも言える。人間は思考を観察することで、宇宙事象を洞察している。その場合は、宇宙事象の理念を探求するのではない。なぜなら宇宙事象とは、理念そのもののことなのだから。他の場合に体験される直観と理念の統一が、ここでは直観となった理念界の体験となっている。統一のとれたこの活動を直観する人は、自由を感じとる。ゲーテはこの感情を体験していたけれども、そのことをいつものように見事に語ることはしなかった。彼の自然考察は、自由な活動によるものだった。けれども、彼はその活動を考察の対象にはしなかった。彼は認識行為の楽屋裏を覗《のぞ》こうとはしなかったので、宇宙事象の理念の根元形姿を、そのメタモルフォーゼの最高形態を意識して受けとめようとはしなかった。

人間がこのメタモルフォーゼの最高形態を直観するようになるやいなや、事物の領域を確かな足どりで歩むようになる。すべての世界考察のための真の出発点を自分の人格の中心に見出したのだから。人はもはや自分の外にある未知なる根拠を、事物の未知なる諸原因を探究しようとはしないであろう。自分に許された最高の体験は自分自身の本性の自己考察なのだということが分かっているからである。この体験が呼び起こす感情に親しむことのできる人は、事物との真の関係をとり結ぶことができるだろう。そうできない人は、人生の最高の形態を別のところに求めるが、それを直接経験することができないので、現実の中に未知の領域を想定する。そしてその結果、事物の考察は不確かなものになってしまう。自然が提示する諸問題に応えようとするとき、常に探求できないものを引き合いに出そうとする。

ゲーテの場合は、その全生涯を通じて、理念界の中に確かな中心点を感じとっていたので、一定の限界内で、自然考察においては確かな概念を持つことができた。けれども、内奥の体験を直接直観しようとはしなかったので、この限界を超えたところでは、手さぐりで、不確かな足どりで歩むしかなかった。

したがって、人間は「世界の諸問題を解くために」生まれてきたのではなく、「どこに問題があるのかを探求し、理解の範囲内に留まるために」生まれてきた、とゲーテは語っている

（『エッカーマンとの対話』一八二五年一〇月一五日）。彼はこうも述べている――「人間精神がどこまで通用するのか、その限界を定め、解きえぬ問題をそのままにしておいたことが、カントの最大の功績である」（同一八二九年九月一日）。

事物を考察するときに、至高の体験の直観が彼に確信を与えていたなら、ゲーテは認識の途上において、「秩序立った経験を通して、理論の範囲内での確かさに達する」（『散文の格言』キュルシュナー版『ゲーテ自然科学論集』第五巻、四四九頁）ところよりも、さらに先まで行けたであろう。真理は人間本性が求める限りにおいてのみ意味をもつのだ。このことを意識しつつ、まっすぐに経験を深めていければよかったのだが、そうする代わりに、ゲーテは次のような確信をもつに留まっている――「高次の影響は、毅然とした人、活動的な人、合理的な人、秩序を守る人、秩序を与える人、人間味のある人、敬虔な人」（「若い猟兵の戦友――囚われ、挫折しながら、いつも泰然として活動的だった人物」に寄せたゲーテのまえがき、一八二六年）のために働いている。そして「道徳的な世界秩序は、善なる人、苦悩する健気《けなげ》な人のために間接的に助け立ってくれる」（同上）ときに、もっとも見事にその存在を示している。

*

人間の究極的な内的体験を知らなかったので、ゲーテは、彼の自然観に必要な、世界の道徳秩序の究極の思想にまで達することができなかった。事物の理念は、事物の中で作用し、創造している。道徳の理念は、理念形式で人間によって直接体験される。理念界を直観するとき、理念そのものが内容となる。理念が理念そのもので充たされる。このことを体験できた人は、人間本性の内部で道徳内容が生産されるのを体験できるようになる。

　自然の理念だけを直観世界と関係づけようとする人は、道徳概念を自分の外にあるものと関係づけようとするだろう。経験界から獲得した概念に見合ったような現実を、道徳概念のためにも求めるであろう。しかし、理念そのものの本性を直観できる人は、外的なものはどんなものも道徳理念に対応していないこと、道徳理念は精神体験の中で理念として直接生み出されることを認めるであろう。外にしか働かない神意も、外に存在する道徳的世界秩序も、道徳理念を生み出すのに有効でないことがその人には分かっている。なぜなら、道徳理念の中にはこういう外的な力に関わるようなものは何も認められないのだから。

　道徳理念の語るすべては、精神的に体験される純粋理念形式の中で開示される。理念自身の内容を通してのみ、道徳理念は道義の力となって人間に働きかける。しかし、定言命令が道徳理念の背後で鞭《むち》を手にして立ち、その命令に従うように人間を追い立てるのではない。人間は道徳理念を自分で生み出したと感じ、わが子を愛するように、道徳理念を愛するのだ。愛こそが道徳行為の動機なのである。自分の行為を精神的に喜ぶことが道徳の源泉なのである。

道徳理念を自分で生み出すことのできない人もいる。そういう人は他人の道徳理念を教えられ、それを受け容れる。理念を直観する能力のない人は、道徳の源泉を精神の中で体験できることが分からないので、自分の外にある超人間的な意志の中にその源泉を求める。もしくは人間が体験できる精神の世界の外に道徳秩序が客観的に存在しており、道徳理念はそこから生じる、と信じている。しばしばこの世界秩序の言語器官が人間の良心なのだと信じられてきた。ゲーテは、道徳の源泉については曖昧な態度をとっている。道徳以外の世界観のある種の事柄についてもそうなのだが、この場合にも、ゲーテの感情は道徳理念について、次のような言葉を発している――「義務は、自分自身に命じることを愛するところに生じる」（『散文の格言』キュルシュナー版『ゲーテ自然科学論集』第五巻、四六〇頁）。

道徳の根拠をもっぱら道徳理念の内容の中に見出す人だけが、次のように語れるはずなのだ――「制約があることを受け容れたがらないレッシング［一七二九～八一］は、自分の登場人物のひとりにこう言わせている。誰もねばならぬ必要はないのだ、と。別の機智に富んだ、快活な登場人物はこう語った。したい人こそがしなければならない。第三の、もちろん教養豊かな人物はこう付け加えた。納得した人が望むのだ。このようにして認識と意志と強制の円環を完全に閉じることができたと信じられた。しかし平均して、人間の認識は、それがどんなものであれ、その人を行動に駆り立てたり、無為に過ごさせたりする。それゆえ、知らずに行為している人の姿を見ることぐらい恐ろしい眺めはほかにない」(同上)。

　明らかな直観には到らなかったとはいえ、ゲーテの中には道徳の真の本性についての確かな感情が支配していた。そのことを、次の言葉が示している――「(意志は) 完全になるために――道徳上、迷うことのない良心に従わなければならない。……良心には先祖など必要ではない。良心と共にすべてが与えられている。良心はみずからの内なる世界だけに関わっている」(同四一二頁)。

　良心には先祖など必要ではないとは、人間はもともと自分の中に道徳内容が組み込まれているのではない、という意味である。人間はそのつど道徳内容を自分に与える。こういう発言と並んで、ゲーテには道徳の源泉を人間外の領域に置こうとする別の発言もいくつかある――「どんなに地球が千万の諸現象と共に人間を自分のところに引き寄せていようとも、人間は求め、憧れながら眼差しを天に向ける。……人間は、自分が、そこでは信仰を拒否することも、放棄することもできないでいる、あの精神の領域の一員であることを、深く、そしてはっきり感じとっているのだ」(官房長フォン・ミュラーとの対話、一八一八年四月二九日)。「われわれは解明できぬものを、万物の支配者であり解放者である神の手に委ねる」。

*

ゲーテは内奥の人間本性を考察したり、自己省察をしたりすることが苦手だった。

「ついでに告白してしまうと、もともと私は『汝自身を知れ』というたいそうな課題をいつも疑わしいものと思ってきた。達成できぬこんな課題を出すのは、人びとを混乱させ、外界に働きかけるのをやめさせ、偽りの内的省察に誘い込もうとする祭司たちの陰謀であるかのように思えた。世界が分からなければ、自分も分からない。人間は世界を自分の中にしか見出せないし、自分を世界の中にしか見出せない。新しい対象は、何であれ、私たちの内部にその対象にふさわしい、新しい認識器官を生み出してくれる」。

この点は、まさに逆が真なのである。すなわち人間は、自分が分からなければ、世界も分からないのである。なぜなら、人間の内部には、外界の事物の中でもっぱら残照として、比喩として、象徴として存在しているものが、根源の姿をとって開示されているのだから。外界では探求も解明もできない事柄、神的なものとしかいえない事柄が、自己直観を通して、真の姿で現れる。自己直観においては、理念存在が直接その真の姿を見せるのだから、人間はこの理念存在をすべての外的現象の中に、自然のすべての中に探求し、そして解明する能力をも獲得するのである。自己直観を体験した人は、現象の背後に「隠れた」神を探し出そうなどとは思わない。神的な存在のさまざまな変容を、自然の中に見てとることができるのだから。

ゲーテはフリードリヒ・ヴィルヘルム・シェリング［一七七五〜一八五四］について、こう述べている――「私が詩作に期待を寄せていなかったなら、シェリングともっとしばしば会っていたでしょうが、哲学は私の詩心をだめにしてしまうのです。私を対象のひとつにしてしまうからです。私は自分を思索にふけらせたりはしません。何を書くにも、直観を頼りにしようとして、すぐに自然の中に逃げてしまいます」（シラー宛書簡、一八〇二年二月一九日付）。

ゲーテは理念界を直観するという、最高の直観の在りようを知らなかった。理念界が直観できれば、詩心は破壊されない。自然の中には未知の、探求しえないものがありうる、などという臆測から精神を解放してくれる。しかも捉われずに、事物にすっかり帰依《きえ》することをも可能にしてくれる。だから精神が自然に求めるすべてを、自然から取り出すことができる、という確信さえもつことができる。

しかし、最高の直観は、すべての一面的な帰依の感情からも人間精神を解放してくれる。人間精神は、この直観によって、道徳的世界秩序の領域でも自分が主導権をもてる、と感じとる。すべてを生じさせる原動力が自分の内部の意志の力と同質のものであり、道徳上の最高の決定権が自分の内部にあることを分からせてくれる。なぜなら、道徳理念の世界がこの最高の決定権をもっているとしても、人間の魂もその決定に関与しているからである。人間は誰でも、たとえどんなに自分を枠にはめて感じていても、またどんなに数千の事柄に依存していようとも、道徳目標と道徳方向を自分で選ぶことができる。その際の選択基準は、人間の内部で理念となって現れる。人間は、自分自身が生み出す理念の力で働くことができる。自然全体の中での諸過程は、一人ひとりの人間個性の内部では、理念となって生じる。だからその意味では、人間自身が創造者なのである。創造する理念が、すべての人の人格の上に生きて働いているのだから。

自然は「ゆたかな創造力を発揮して、数千の植物のあとにひとつの植物を、その中に他のすべての植物を内包している植物をつくり出す。そして、数千の動物のあとに、他のすべての動物を内包しているひとつの存在、つまり人間をつくり出す。それほどにまで自然の創造力は偉大なのである」、というゲーテの命題は、彼自身の立場を超えて、さらに拡大されなければならない。すなわち、自然の創造力は偉大であって、自由に一切の被造物を理念から生み出すが、その創造過程を、一人ひとりの人間個性の中でも繰り返して、ついには道徳行為を人格の理念的基礎から生じさせることさえできるのである。たとえ人間が、自分の行動に客観的な根拠を見出しているとしても、その行動のすべては、その人自身の本性の表現なのであり、時にはその本性の誤認によるものなのである。

人間はみずから道徳行為を通して自己実現を行っている。マックス・シュティルナー〔一八〇六～五六、哲学者〕はこのことをその著書『唯一者とその所有』の中で、次のように簡潔に述べている――「私は私の中に暴力《ゲヴァルト》を抱え込んでいる。自分をかけがえのない唯一の存在であると思っているときこそ、そうなのである。この暴力の所有者は、唯一無二の存在として、自分がそこから生まれてきたところの、創造的無の前に立っている。自分よりも高次の存在はすべて、神であれ、人間であれ、私が唯一無二の存在である、という自己感情を弱め、そしてこの意識の太陽の前で輝きを失う。私が問題を私という唯一無二の存在に託すときにのみ、その問題は無常なもの、みずからを消耗する死すべき創造者を超えて立っている。けれども私は、自分の問題を無に託してしまったのだ」。

けれども、このシュティルナーの精神に対しては、ちょうどファウストがメフィストフェレスに対して言ったような言い方をすることができよう——「私はお前の無の中にすべてが見つけ出せると思っているよ」。

私の内部には、自然がすべてを創造するときの作用力が個的な仕方で生きている。自分の中にこの作用力を見出せない限り、人間は、ちょうど地の霊に向き合ったときのファウストのように、この作用力に向き合うしかない。この作用力は常に人間にこう呼びかけている——「お前はお前の理解する霊に似ているだけで、私に似ているわけではない」。

深奥の内面生活を直観したとき初めて、自分のことを次のように語る地の霊を呼び出すことができるのである。——

生命《いのち》の横溢と行為の嵐の中で
私は昇ったり降りたり
行ったり来たりする。
誕生と墓場
永遠の海
打ち寄せる波
灼熱する生命
私は時間の織機に向かい、
その立てる音を聞きながら
神の生きた衣裳を織る。

私は『自由の哲学』の中で、自分の行為の責任は自分でとるしかないという認識が、自分の本性の直観という内奥の体験から生じてくることを、述べようと試みた。シュティルナーは、一八四四年に、本当に自分を理解するときは、自分の行動の根拠を自分の中だけに見ようとする、という立場を擁護している。しかし彼の場合、この自己認識は、内奥の体験の直観からではなく、一切の強制を迫ってくる世界権力に対する自由と無拘束の感情から生じている。シュティルナーは自由を要求することに留まっている。この点では、考えうるもっとも過激な仕方で、自立した人間本性を擁護している。しかし、私はもっと広い基盤の上に立って、自分の魂の根底に眼を向けるときに見えてくる自由なる生活について語ろうと思う。

ゲーテが自由を直観するまでに到らなかったのは、彼が自己認識を望まなかったからである。もしも彼が自己認識を求めたなら、自立した、自由な人格の認識が彼の世界観の頂点になったに違いない。そういう認識への萌芽は、彼の思想のいたるところに現れている。そしてその萌芽が、同時に彼の自然観への萌芽でもあった。

*

自然研究者としてのゲーテは、現象の背後に探求できないような隠された根拠や原動力があるとは、どこにも語っていない。現象の経過を観察し、感覚と精神に開示された現象を説明することで満足している。一七八六年五月五日付のヤコービ宛書簡の中で、ゲーテは、自分は事物を考察し、「ふさわしい理念を形成する」ことに全生涯を捧げる勇気を持っており、どこまで達することができるか、何が自分の眼に見えているのか、と思い煩うようなことはまったくなかった、と書き送っている。

個々の自然物を通して神的なものに近づくことが期待できれば、もはや事物の外に存在している神の存在について特に思い悩む必要はない。ゲーテもまた、もしも自然の領域から離れたならば、事物の本性に対する彼の感情がもはや働かなくなり、その結果、自己を失い、彼本来の思考方法や自然研究の方向にふさわしくない態度をとらせてしまうであろう。そういう態度をとる傾向のある人は、本来のゲーテに対して、ゲーテが人間に似た神を信じ、かつ各人の身体に依存した個的な魂の在りようが永続すると信じていたに違いない、と思うかもしれない。

しかしそういう思い方は、ゲーテの自然研究と矛盾している。もしもゲーテがそういう考え方をしていたのだとしたら、彼の自然研究は決して私たちの知っているようなものにはならなかったであろう。ゲーテの自然研究の意味で言えば、人間の魂は、死後、超感覚的な存在として生き続けるのでなければならない。この超感覚的存在は、肉体で生きているときとは別な生存条件の下で、別の意識形態をとって生きている。

ゲーテの変容理論は魂の変容にも適用できる。けれども、ゲーテのこの不死の思想を理解するには、ゲーテが肉体に条件づけられた精神生活が死後も変容することなく存続するとは考えていなかったことを知らなければならない。ゲーテは今述べた意味での思想生活を問題にしていなかったので、彼の変容思想を発展させて、不死の思想を「変容」の観点から特別に形成しようとする試みを生涯、しないで終わった。

しかし、この思想は、本当は、彼の世界観から生じたはずの思想だったのだ。彼は折にふれて同時代人の誰かの人生観について感想を述べているが、そういうとき、自然研究によって獲得した彼自身の世界観に照らして述べているわけではない。だから、そのような言表をゲーテの不死の思想を性格づけるものとして取り上げるわけにはいかない。ゲーテの特定の発言を取り上げる場合、彼の生涯のさまざまな時点での気分が、その発言に特別のニュアンスを与えている、ということも考慮に入れる必要がある。

ゲーテは、自分の思想表現上の変化をよく知っていた。フリードリヒ・フェルスター［一七九一～一八六八、歴史学者］がファウスト問題を解決するために、「良き人は暗い衝動に衝き動かされていても、正しい道を意識している」という言葉が鍵になると言ったとき、ゲーテはこう応じている――「このことも忘れないで下さい。ファウストは老年になって死を迎えました。そして老年になったときの私たちは神秘家になっているのです」（フェルスター『遺稿集』二一六頁）。

『散文の格言』も、こう述べている――「どの年頃にもそれに応じた哲学がある。子どもは現実主義者である。なぜなら、リンゴやナシが自分のものである、と確信しているのだから。内なる情熱に衝き動かされる若者は、自分自身のことに気を使い、より良い自分のことが知りたくて、理想主義者になる。それに反して、成人には、懐疑派になる十分な理由がある。自分が目的のために行使する手段が正しい手段なのかどうか、疑わしいからである。行動に際しては、あとになって間違った選択をしたと後悔しないために、知性をあらかじめ柔軟にしておく必要がある。しかし老年になると、いつも神秘主義の側に立とうとする。多くの事柄が偶然によって生じたように思えるのだ。非合理なことがまかり通り、理性的であっても失敗し、幸と不幸が思いがけずに重なり合うことを経験させられる。これまでもそうだったし、今もそうなのだから、高齢に達すると、現にあるもの、かつてあったもの、いつかあるであろうもので満足しようとする」（キュルシュナー版第三六巻、四五四頁）。

　私はこの『ゲーテの世界観』の中で、この世界観から自然の生命への洞察が生じたこと、この洞察が、顎間骨の発見から色彩論の完成に到るまでの彼の自然研究の原動力であったことに注目してきた。そして、彼の発言を比較検討して、彼の思想がその青年期または老年期の気分によってどのような色づけがなされているかを論じるような著述をすることよりも、この世界観そのものこそがもっと完全に、ゲーテの全人格にふさわしいものなのだ、ということを明示できたと思っている。

　私の信じるところでは、ゲーテの自然研究は、たとえ明瞭な概念化された人間認識に導かれてはいないとしても、正しい感情に導かれて、人間本性と外界との真の関係から流れてくる、自由な研究態度を保持していた。ゲーテは自分の思考方法が不完全なものであることをよく知っていた。――

「私は自分が高貴な、偉大な諸目的に仕えようとしていることを意識していたが、私が仕事をしていたときの諸条件を知りたいとは思わなかった。私に何が欠けているか、また、何が私の手にあまるのか、よく分かっていた。だから外へ向けて、そして内から、自分を育成することをやめなかった。けれども、いつも古いままだった。私はどんな目的にも真剣に、激しく忠実に向かっていった。手にあまるような条件を克服することも時にはできたが、譲歩したり、廻り道したりしようとはしなかったので、何度も失敗を繰り返した。こうして私の人生は、行為と享受、苦悩と反抗、他者への愛と満足と憎しみと不信との中で過ぎていった。この点で同じ運命を共有する人の役に立ってくれればと思う」（「自伝的断片」ヴァイマール版全集第一部第三六巻、二三二頁）。

百年前のドイツ神智学

1906年

Theosophie in Deutschland vor hundert Jahren

一八世紀末から一九世紀初頭にかけてのドイツ精神史を研究する者は、通常、レッシング、ヘルダー、シラー、ゲーテ、モーツァルト、ベートーヴェンその他のもたらした芸術最盛期と並んで、カント、フィヒテ、シェリング、ヘーゲル、ショーペンハウアーその他の哲学者による純思弁哲学の最盛期を問題にする。その際、これらの哲学者が思弁の世界で非常に偉大な業績をあげたことを否定する者は誰もいないが、しかし一般にはこれらの哲学者が、本来のオカルト体験、あるいは神秘学的研究とはまったく無関係であったと考えられている。だから神智学の徒がこれらの哲学者の労作の研究に没頭したとしても、あまり多くのことを期待することはできないと思われている。

彼らの思想体系に参入しようと試みても、多くの場合、そこに実り豊かなものを何ひとつ発見できず、ふたたびそこから離れてしまう。哲学の研究者でさえも、これらの哲学者が経験の確かな基盤を失い、現実を全然顧慮せずに、哲学体系という幻影を空中に現出させただけだ、と考える。オカルティズムに関心を寄せる者もまた、その霊的基盤を彼らのうちに見出せずにいる。

もし人が精神史をただ外側からしか考察しようとしないなら、それ以外の判断に到達することはできないかもしれない。けれどもその底流にまで洞察を深めることができたなら、この時代全体が別の照明の下に現れてくるだろう。単なる思想の空中楼閣と思われていたものが、深いオカルト的営為の現れとして、浮び上ってくるだろう。そして百年前のこのドイツ精神生活が人類の精神的発展にとって何を意味していたかを理解するだろう。

実際、当時のドイツには、表面に現れた事情の背後に、別の、より深い基盤としての事実が存在していた。そしてそれが全体を特定の方向へ向って流れる潮流と為し、その水面を多様極まる仕方で波立たせていたのである。通常の文学史が描いているものは高まったり、沈んだりするこれらの波のひとつひとつであるにすぎない。そして、その深層に何が生きていたか、本来これらの波が何から養分を得ていたかについては、何も顧慮されないでいる。

この深層には、豊饒なオカルト的生命のいとなみがあった。それはかつての偉大なドイツ神秘主義者——パラケルズス、ヤーコプ・ベーメ、アンゲルス・シレジウスの作品の中に鼓動していた生命にほかならない。この同じ生命が、レッシング、ヘルダー、シラー、ゲーテ、フィヒテ、シェリング、ヘーゲルの思想世界の隠れた力として働いていた。ヤーコプ・ベーメが偉大な霊的体験を表現した時と同じ表現形式は、もはや当時の主導的論調の表面には現れ得なかったが、彼の体験の精神は生き続けていた。

例えば、ヘルダー［一七四四〜一八〇三］の場合についていえば、ヘルダーもゲーテ同様、スピノザ研究に没頭し、その著作『神――ある会話』（一七八七年）の中でスピノザの神観念を深化しようと試みているが、その際、彼はスピノザ主義をドイツ神秘主義のこの精神に結びつけていた。ヘルダー自身はそれを意識しなかったとしても、ヤーコプ・ベーメとアンゲルス・シレジウスが背後から彼の筆を動かしていたとさえ言うことができるくらいである。

　このような隠された源泉からのみ説明できる現象としては、レッシングのような合理主義的傾向の強い思想家の書いた『人類の教育』の中に、輪廻転生の思想が現れているという事実があげられる。もちろん「意識せずに」という表現は半分しか当っていない。なぜなら輪廻転生の思想はドイツの一般論壇の表面には現れなかったとしても、当時のさまざまな「秘密結社」、「オカルト的共同体」の中で、まったく「意識的に」把握されていたからである。とはいえ、このような「結社」のもっとも内奥の部分にまで参入した者としては、以上の人々の中では、ゲーテだけが問題になる。他の人々はこのような結社とはもっと表面的なところでしか関係していなかった。そしてその真の源泉を意識的にはまったく知ることなく、彼らの生活や著述活動のための多くの刺戟をこれらの結社から得ていたのである。

　この意味で特に興味があるのは、シラーの場合である。シラー本来の精神的原動力を理解するには、初期の作品『ユリウスとラファエルの往復書簡』を研究しなければならない。この著作の中に含まれている幾つかの部分は、すでにシュトゥットガルトのカールスシューレ時代に書かれ、他の部分は一七八五、六年に書かれた。この後者の中に、シラーが「ユリウスの神智学」と呼んだものが含まれている。シラーは、当時自分がそれに向って駆り立てられていた諸理念の全体を「神智学」と呼んだ。

ここでこの「神智学」のもっとも重要な思想内容を考察しておこう。それは当時の「結社」へ直接深く参入したことによってではなく、当時手に入れることのできたドイツ神秘主義の文献の研究によって、独自の思想を構築しようとする際の若き天才の仕方をよく示している。

「宇宙そのものが神的思想内容なのだ。この宇宙の霊的観念が現実界の中へ移行し、その結果、創造主体のこの構想が産出された世界となって実現した後では――このような人間的比喩が許されるなら――、思考能力を有する一切の存在に課せられた使命は、現存する森羅万象の中に根源的なあの創造計画を読み取り、その規則例を機械の中に、その万物統一の例を合成物の中に、その法則を現象の中に探し求めながら、大宇宙というこの大建造物から逆に遡って、原初の設計図にまで到らねばならない。……われわれが世界と呼ぶ、この偉大な合成物が私にとって重要なのは、神的存在の多様極まりない顕現を象徴的に私に示しているからである。私の内なる一切と外なる一切とは、私に類似した或る力の象形文字にすぎない。自然法則は暗号である。思考存在はこの暗号の組み合わせから、それを一般の人にも理解できるものに変えねばならない。この暗号はまた、すべての霊たちが至高の霊と会話するときの、また自分たち相互に会話するときの言葉でもある。……重力、血液循環、リンネの自然体系など、真理をめぐる新しい経験は私にとって、ヘルクラヌムで発掘された古代世界と根源的には同一の経験である。両者ともに同じ精神の反映にすぎず、私に似た存在との新たな出会いにすぎない。……自然のどこにも、もはや荒野はない。どの物体からも、直ちに霊への予感がやってくる。――運動が知覚できるところでは、直ちに思考活動が生じてくる。……われわれが至高者の叡知について、その善意について、その公正について理解することは容易だが、しかしその全能についての概念を得ることは容易ではない。全能を表現しうるためには、無と彼の意志と有という三つの連続する観念を、ひとつずつ用いなければならない。荒涼とした闇の支配する中で、光あれ！と神が叫ぶ。すると光が生じる。もし実際に「全能」の理念をひとつの現実＝理念として所有できたなら、われわれは彼同様の造物主であったろう……。」

　二〇代はじめの頃のシラーが把握した神智学の発想は、このような種類のものだった。シラーはこの神智学的基盤から、人間の精神生活そのものをも、宇宙論的展望のもとに把握するに到った。

「だから、魂ある存在におけるもっとも美しい様相であり、霊界におけるもっとも強力な磁力であり、もっとも崇高な徳と畏敬の源泉である愛は、この唯一無二の根源力の反映にすぎない。愛は相互の人格を一瞬のうちに交換させ、自分と相手を混同させることができるので、卓越した心の持ち主たちを惹きつけてやまないのである。憎悪するとき、私は自分の中から何かを奪い取っている。愛するとき、私は愛するものをめぐって、より豊かな存在になる。赦しとは一度売却した財産をまた手に入れることである。人を憎むことは引き延ばされた自殺行為であり、利己主義は被造物としての存在にとって最高に貧困な状態である。」

次いでシラーはここから、自分のこの人生感情に即応した神観念を次のように表現している。

「宇宙における一切の存在者たちは、神の中でひとつに結ばれている。神と自然とは、ふたつの完全に等しい偉大な存在である。……『君たちの信じる神に自分を近づけよ』は堅固な軸のように、あらゆる宗教、あらゆる制度を一貫する真理である。」

若きシラーのこの叙述とドイツ神秘主義者たちの教義とを比較するなら、シラーの場合、ある普遍化された感情世界が過剰なくらいにまで横溢しているのに対し、神秘主義者たちの場合、その教義が鋭く輪郭づけられた思考内容となって現れている。シラーの心に不特定の予感として浮かんでいたものを、パラケルズス、ヤーコプ・ベーメ、アンゲルス・シレジウスの直観的精神は特定の観念内容として把握していた。シラーの場合、特に顕著な仕方で現れていたものは、彼の同時代人たちの中にも認めることができる。ただシラーの後年の画期的な諸著作の中では、それがドイツ国民の精神活動のひとつの原動力となり得たので、精神史は彼の場合に特にそれを強調してきた。

一般にシラーの時代には、ドイツ神秘主義の霊的現実が、直観内容もしくは精神生活の直接的経験としては、いわば薄いヴェールの下に隠されてしまっていた。しかしそれは上述のシラーの場合のように、感情世界となって意識の表面にまで現れていた。もはや「霊的感覚器官」によって直接観ることができなくなったものに対して、人は畏敬と熱狂とを持ち続けた。この時代の霊的直観にはヴェールがかけられていたが、霊界を感情による予感の力で把握することはできたのである。

さて、このような時代の情況から、このヴェールをかぶせられた霊的直観内容を、感情体験として、芸術を通して表現する方向に大きな進歩が見られたことは、容易に理解できる。そして、そこには或る合法則的な必然性が働いていたともいえる。

神秘学においては、内展の時期と外展の時期が交互にめぐってくると考えているが、ここにも小規模な形でこの連続が現れているからである。シラーとゲーテの時代のドイツ芸術は感覚的形式の領域におけるドイツ神秘主義の外展以外の何ものでもない。だから深く洞察する眼は、詩人たちの作品の中に、ドイツの偉大な神秘主義の時代に内展化された直観内容を認識することができる。

かつての神秘生活が今どのようにして美的芸術的性格をとるに到ったかを、シラーの『人間の美的教育に関する書簡』が明瞭に示している。神秘学を教条的に把握しようとする者は、多分この『書簡』の中に、鋭敏な芸術的精神の巧みな論述しか見ようとしないであろう。しかし、この『書簡』では、通常の意識状態とは異なる、高次の意識状態への道を示そうとする努力が、すべてを規定しているのである。――

シラーが述べる意識状態は決してアストラル的デヴァカン的経験内容と同一ではない。しかし、彼は日常生活よりも高次の生活、「高次の自我」への道を表現している。だからシラーが「美的状態」と述べたものを、とらわれることなく理解するなら、あの神秘的直観の前段階をそこに認識することができる。シラーは人間を「低次の自我」から超越させようとする。彼によれば、低次の自我は二つの側面で制約を受けている。第一にそれは感覚世界の作用に必然的に依存している。第二にそれは論理的道徳的必然性の要求に服従させられている。したがって、それは二つの側面において自由を失っている。衝動、本能、感情、情熱等を生きる自我を、感覚世界が支配し、思考と道徳生活の中では、理性の必然性が自我を支配している。しかし、シラーの意味における「自由な人間」とは、感情、衝動、欲望、願望等を昇華し、そこから霊的内容だけを自我に作用させうる者であり、他方、理性の必然性を完全に自己のうちにとりこんで、それが彼の自我の本質による所産であるようにすることのできる者である。そのような自由の生活とは、「低次の自我」と「高次の自我」との調和的均衡の上に成り立つ生活である、ということもできる。自己の願望が高貴な形式をとれば、それは彼の「高次の自我」の表現となる。

『書簡』におけるシラーはこのような極めて高い理想を打ち立てたが、まさに芸術創造において、さらに芸術作品への美的帰依において、この高度の理想への接近が可能となることを彼は見出した。だから彼にとって、芸術生活は「高次の自我」を発展させるための教育手段となった。

真の芸術作品は理性と感性、精神生活と外的形式とを完全に一致させる。感覚的なものは単なる表現手段にすぎないにしても、精神的なものも感性形式を通してでなければ、芸術作品の中で自己を表現できない。したがって、創造する芸術家は精神の中に生きている。しかし、その生き方はまったく感覚的な仕方においてなのである。すべての精神内容は芸術家を通して、感覚的に知覚し得るものとなる。そして美的生活に没頭するものは、外的な感覚による知覚活動を行っているとはいえ、彼が知覚するものはまったく精神化された感覚形式なのである。そこには精神と感覚の調和が働いている。感覚形式は精神の高みにまで引き上げられ、精神内容は感覚的明瞭性において自己を啓示する。

シラーはこの「美的状態」を社会生活の範例としても考えた。人間が社会関係を低次の自我の利己的欲望の上に打ち立てるなら、その関係は自由を失っている。しかし、低次の本能や情熱を単なる理性法則だけで制御しようとするなら、その状態もまた同程度に、自由を失っている。個々の成員が社会全体の「高次の自我」を自分自身の本質であると感じ、心の奥底から「無私の」態度で生きるような、ある社会の在り方が、彼の理想だった。「個別的自我」は「全体的自我」の表現となるところまでいくべきだった。そして、このような要求からの社会行為を、シラーは「美しき魂」の行為と感じた。日常も「高次の自我」によって自己を表現することのできるこのような「美しき魂」は、シラーにとって真に「自由な魂」でもある。シラーは人々を美と芸術を通して「真実」へ導こうと望む。シラーの根本命題は、美の暁の門を通ってこそ、はじめて認識の国へ達することができる、と述べている。

　このようにしてシラーの世界考察は、かつてのドイツ神秘主義の美的形式化としての芸術に人類の進化のためのもっとも基本的な教育課題を与えた。

　シラーのこの美的思想から、同時代のもう一人の、同様にオカルト的背景からのみ理解できる思想家、ヨーハン・ゴットリープ・フィヒテ［一七六二～一八一四］の立場にまで橋を架けるのは、容易でないように見えるかもしれない。表面的にフィヒテを考察するなら、単なる思弁的頭脳、単なる主知的思想家としてしか彼を見ることができないであろう。フィヒテ本来の領域は思考の世界であるから、この思考世界を越えてさらに霊的高みにまで参入しようとする意図がフィヒテの中には見出せない、ということは正しい。「高次の世界」の記述を彼の著作の中に見出そうとしても無駄である。フィヒテはアストラル界やメンタル界について何も知ろうとはせず、時間的・空間的に把握された物質界の表象形式に相応した諸概念だけで論じようとしている。

しかし思想世界を扱う彼の仕方を見れば、事情はまったく一変する。この取り扱い方式は決して単なる思弁的なものではない。それは、むしろ完全にオカルト的経験に相応する。フィヒテは物質界と関わりのある表象内容だけを考察したが、オカルティストの考察方式で、それを行った。だから彼は自分が高次の世界の生活をいとなんでいるという意識を持つことができた。一八一三年にベルリン大学での講義の中で、彼はこの点を次のような言葉で語っている。——

「盲目に生まれついた人々の世界を考えてみて下さい。その人々にとって、触覚によって存在する事物や、その状態だけが知られているとします。この人々のところへ行き、光と視覚がなければ存在しない色彩その他の事柄について語るとしましょう。皆さんは実在しないものについて語っていることになりかねません。その人々がそう言うとすれば、むしろ有難いことです。なぜなら、それによって皆さんはすぐ誤謬を犯したことを知り、その人々を見えるようにすることができない場合、そのような無駄な語りかけを続けるのをやめるでしょうから。そうでない場合には、その人たちは何らかの理由から皆さんの考えに理解を示そうとするでしょう。しかしその場合、触覚によってすでに知っている事柄との関連において理解できるだけでしょう。その人たちは光・色その他の視覚に関わる事柄に触れてみようとするでしょう。そして色と呼ばれる事柄を、触覚世界の内部で案出し、虚構しようとするでしょう。その場合、その人たちは誤解し、曲解しているといわざるをえません。」

別な機会にも、フィヒテは自分の世界観察が通常の感覚が提供する事物についての思弁であるだけでなく、それが通常の感覚を超えた高次の感覚を必要としている、という点を次のように述べている。

「したがって、この新しい感覚は霊的感覚なのです。この感覚にとっては霊だけで、他のものはまったく存在せず、その他の周囲の存在もまた霊的形式をとり、霊的存在に変化するのです。したがって、通常の感覚的存在はその固有の形式を実際に失ってしまいます。人類発生以来、この世における偉大な、卓越した人物、その働きによって人類の進歩に寄与し得たほどの存在は、すべてこの感覚能力の所有者でした。しかし、この感覚が自分自身を独自のものとして意識し、自分を通常の感覚とはまったく別の、むしろ反対の仕方で働いているものと見ていたかというと、決してそうではなかったのです。両者の働きは結びついております。人生はこの両感覚が結びつくことなしには、成り立っていかないでしょう。」

今引用した最後の言葉はフィヒテの精神生活における立場を極めて明瞭に特徴づけている。西洋の外的（エクソテリック）な哲学的営為にあっては、フィヒテの述べているように、高次の感覚が「自分自身を知っていない」、と考えることは正当である。オカルト的経験をもち、エソテリックな考察を行うすべての神秘学者の場合、この感覚は明瞭に意識されてきた。しかし、すでに上述したように、フィヒテの時代の主導的な文芸・科学上の議論に際しては、この深い根拠が明らかにされることはなかったから、当時のドイツ哲学用語についていえば、フィヒテこそこの高次感覚の開拓者であり、発見者であった。

　彼の哲学的思索の出発点が他の哲学者とはまったく異なっていた理由はここにあったのだ。教師としてのフィヒテは、聴講者や読者に対し、特に内なる魂の行為を実践することを求めた。彼が人々に伝達しようとしたのは、人々の外に存在する事柄に関する何らかの認識ではなかった。彼は内的行動を遂行するという要求を人々に課した。人々はこの内的行動を通して、自己意識の真実の光を自分の中に点じるべきなのであった。

　フィヒテの時代の大半の哲学者たち同様、彼もまた、カント哲学から出発した。それゆえ彼は、円熟期のシラー同様、カントの用語によって自己を表現した。けれどもシラー同様、彼もまたその霊性の高さにおいて、カント哲学をはるかに凌駕した。フィヒテが聴講者や読者に要求したものを、彼の難解な哲学的表現の中から要約してみるなら、次のように言うことができるだろう。——

　人間が知覚する事物はどれもこれもすでに存在しているものとして彼の前に立ちはだかって

いる。それらは人間の内奥の本質からの働きかけなしにも、存在している。したがって、机・花・犬・光等は、もともと人間の外なるものとして存在している。人間は自分の外で生じたものが現に存在しているという事実を確認することができるだけである。しかし、人間の「自我」だけは別である。自我は、自分自身の活動を通して存在する、ということが可能である限りにおいてのみ存在する。したがって「私は存在する」という命題は、他のいかなる命題ともまったく異なった意味を持っている。この自我という自己創造的存在を意識にのぼらせることこそ、一切の霊的世界考察の出発点なのである。他の認識の場合、人間は常に受動的態度しかとり得ない。「自我」の場合、人間は創造主であらざるを得ない。そして、人間が自らを創造主と観じ、自分の自我を創造主の自我として直観するときにのみ、人間は「自我」の本質を認識することができる。

　このようにフィヒテは、一切の他の事物に対するときとはまったく異なった考察方式をもって、自我に対することを求めている。そして、この要求に関する限り、彼は可能な限り厳格な態度をとった。そのようにして、次の言葉も語られた。

「自分を一個の自我とみなすよりも、自分を一片の月の溶岩とみなすことのほうが、大抵の人間にとって容易であるらしい。しかし、自分を自我として把握できぬ限り、決して哲学の根本を理解しないだろうし、そのようなものを必要ともしないだろう。そのような人間は自然のための一個の機械にすぎない。自然は彼の働きかけを必要としないで、彼が行わなければならないすべての仕事を彼にやらせることができる。しかし、哲学するという行為にとっては、自然から独立していることが前提となる。そして人は、自分でしかこの独立を達成することができない。私は、眼をもたずには観ることができない。しかし私がではなく、私の眼が観るのだ、と主張することもまた誤りなのである。」

この言葉によって、日常体験の終りとオカルト体験の始まりとの間の境界線が非常に鋭く引かれたことになる。日常の知覚体験は知覚器官が解剖学的に人間に具わっている限りにおいてのみ働くことができる。オカルト体験は、人間に内在するまどろんでいる能力を通して高次の知覚器官が形成され始めるとき、始まる。人間は日常体験の範囲内では、自分を被造物としてしか感じることができない。しかし、自分を自分自身の創造者として感じるようになり始めたとき、人間はいわゆるオカルト的生活の領域に参入する。フィヒテが「私は存在する」を特徴づけたときのやり方は、完全にオカルト的である。フィヒテが純粋思考の領域にとどまりつづけたとしても、彼の考察方式そのものは単なる思弁なのではなく、真実の内的体験なのである。

だが、まさにそれゆえにこそ、彼の世界考察は容易に単なる思弁と取り違えられてしまうのである。単なる好奇心から高次の世界に通じたいと思っている者は、いくらフィヒテ哲学の研究に熱中したとしても、期待通りの結果を得ることはないであろう。しかし、魂の中にまどろむ諸能力をとりだすために、自分自身に対して働きかけを行おうとする者にとって、フィヒテはまことにすぐれた指導者である、ということができる。

フィヒテの場合、重要なのはその教義内容なのではなく、フィヒテの思索の道を忠実にたどることによって魂の中に呼び起こされる能力なのである。フィヒテは予言者に似ている。だがこの予言者は、自ら約束の地に足を踏み入れたのではなく、約束の地の壮麗なたたずまいを展望できる山の頂きにまで同胞を導いて行くことのできた予言者なのである。事実、フィヒテは、思考を山頂にまで導いた。オカルティズムの土地に達するには、この山頂を越えてゆかねばならない。そして、彼が授けたそのための準備は、考え得るもっとも純粋なものである。なぜなら、それは感覚的知覚の領域をまったく超えており、人間の願望と欲望（アストラル体）に発する領域をまったく超えているからである。

人はフィヒテから、思考のまったく純粋な要素の中でどのようにして生き、活動することができるかを学ぶ。人間が物質界の中で発達させてきた思考の能力は、物質界の中へ高次の領域から移植されたものである。この思考能力は、他の心的諸能力以上に、堅固な橋を霊的諸体験に向けて架けることができる。なぜなら、思考はどんな場合でも同じ思考でありつづけるから。物質界においてであれ、アストラル界においてであれ、メンタル界においてであれ、思考は常に同一の思考である。しかし思考の内容は、これら三つの世界の一つひとつにおいてそれぞれ異なっている。そして、思考から感覚的内容を完全に取り去ることができなければ、超感覚的世界は人間にとっては隠されたままになる。思考が感覚内容を排除できた後で、さらにもう一歩先に進むことができさえすれば、みずから超感覚的世界に足を踏み入れることができるのである。

フィヒテの意味での自我の観察が特別に重要なのは、自分との関係を純粋に確立しようとするとき、そもそもいかなる感覚内容も思考にとって必要ではなく、もっぱら内部からの内容だけが必要だからである。その他の場合、知覚・感情・意欲等のすべては、日常存在の内容とかかわらずには存在し得ず、したがって、その際の思考は外的世界内容によって充たされている。そのような場合、フィヒテの言葉を用いれば、人間は根本的に、「人間の働きかけを必要としないで、人間が行わなければならないすべての仕事をするような」「自然機械」以外の何物である必要もない。しかし、その場合には「自我」がどこにも見出されない。外界からは決して自我に内容を与えることができないからである。

自我はただ内部からのみ与えられる。「私は存在する」という認識は、それゆえ人間のもっとも内奥の自己体験の認識なのである。ただ魂の内部からのみ語り得る内容がこの命題の中で語られている。すべての高次のオカルト体験というものは、この一見空虚な自己肯定と同じ仕方で生じる。この体験は、内容的に、より生きいきと充実しているにしても、その体験の形式はフィヒテの自我体験の形式と同一である。だからフィヒテの自我体験を通して、われわれは純粋思考の領域で、すべてのオカルト体験に通じる体験類型を学び知ることができるとも言い得る。この点で、「私は存在する」という言葉とともに、神が人間の中で語り始める、というフィヒテの言葉はまったく正しい。ただ純粋に思考の形式をとって表現されたために、このことは今まで多くの人々に認められることがなかったのである。

しかしフィヒテも、同じ方向を歩んだ他の思想家たちも、認識上、ある決定的な限界を超えることができなかった。なぜなら、純粋思考によって個人の自我を確認することはできても、輪廻転生を通じて生き続ける個体性を確認することはできないからである。論理というものは、どれほど発展しても、その法則は常に一様である。転生を重ねて賢者の最高段階に達した場合にも、その人間の論理性は日常の論理性と同一である。その人間の霊的観察力がどれほど高まり、知覚能力がどれほど拡大されたとしても、思考の論理性は同一なものであり続ける。したがって、思考体験だけによっては、それがどれほど高次の段階にまで発達したものであっても、個々の人生を超えて発展しつづけるものを把握することは決してできない。

フィヒテや彼の方向を辿った同時代の哲学者の観察方式がなぜ転生とカルマの法則を認識することができなかったのか、その理由はこの点に求められねばならない。当時の思想家たちに輪廻に関する示唆が見られるにしても、彼らは一般的な感情から論じたにとどまり、彼らの思想構造との有機的関連のもとにそれを論じたのではない。だから、これらの思想家たちの精神史的意味は純粋思考体験を一度徹底して表現しようとしたところに求められねばならない。この思考体験は死後の生や生まれる前の生については何の関心ももたず、一回限りの地上生活を超えていくことのできる人間の本性については、考慮を払おうとはしなかった。

人間精神は、特定の時代の特定の民族意識の中にエソテリックな根源的叡智の一部分を取り込みつつ進化するのが常である。そして、ちょうど一八世紀末から一九世紀初頭にかけては、純粋思考の霊的いとなみを個々人の中に育成するという課題がドイツ民族の意識に与えられたのである。このことと、すでにシラーとの関連で述べたこと、つまりこの時代に芸術が精神生活の中心におかれるようになったこととを結びつけて考えるならば、個人的観点を強調することの意味をより明瞭に把握できるだろう。

芸術は感覚的物質的形式における精神の発現である。この形式体験は、一回限りの人生における個人の在り方に条件づけられている。この個人の人生体験を超えて、超感覚的領域にまで突出している部分は、直接的には、感覚的領域内にとどまる芸術の手段で表現することができない。もちろん芸術の創造と享受がその美的輝きを超感覚的領域へ向けて投げかけることはできるが、その輝きは魂の永続的部分の中で、転生を通して、次の人生において実る果実として把握されねばならない。人生における芸術活動や美的体験そのものは、しかし、常に個々の人間の感覚生活と結びついてこそ意味をもつ。

したがって、この時代のもっとも優れた神智学的人物といえるフリードリヒ・フォン・ハルデンベルク、つまり詩人ノヴァーリスの世界考察もまた、極めて個人的な性格を示している。ノヴァーリスは一七七二年に生まれ、一八〇一年に没した。夭折した彼の数少ない文学作品と一連の詩的哲学的断章の中に示されているものは、まったく神智学的な志向をもった魂の生きざまである。彼の作品のどの頁からも、神智学への志向が読者の心に伝わってくるが、彼の最高度の霊的内容は生《なま》なましい官能的情熱や個人的な衝動、本能と分かちがたく結びついているのである。

そして、彼のこのような心性を真にピタゴラス的な思考方法が導いていた。彼は鉱山技師になろうとして、数学と自然科学を熱心に学んだから、この思考方法は年とともにますます磨き上げられた。人間精神が純粋数学の法則を、何らかの感覚的知覚内容の助けを借りることなく、自分自身の中から発展させるそのやり方こそ、ノヴァーリスにとって一切の超感覚的認識のための範例となったのである。宇宙の調和的構造が、魂に内在する数学法則に従ってつくり上げられているように、宇宙の根底に存在するすべての理念もまた、魂に内在する数学法則と調和していると考えた。それゆえ、彼にとって数学は畏敬にみちた宗教的性格を持つものだった。次の言葉は彼の魂のピタゴラス的特質を特に明らかに認識させてくれる。

「真の数学は魔術師にとっての本来的要素である。……最高の生の営みは数学である……真の数学者は本来熱狂家である。熱狂がないところには数学も存在しない。神々の生の営みは数学である。数学者は皆、神からつかわされたものであるに違いない。純粋数学は宗教である。神の顕現がなければ、数学には到達できない。数学者こそ唯一の幸福な人間であるといえる。数学者は一切を知っている。たとえ一切を知らなくても、一切を知る可能性を持っている。……真の数学は東洋にその故郷を持っている。ヨーロッパでは数学は堕落し、単なる技法になってしまった。数学書を畏敬をこめて手にとり、それを神の言葉のように読むのでなければ、数学を理解したとは言えない。……自然界の法則に反する奇蹟は非数学的である。しかし、この意味での奇蹟など存在しない。そして人が奇蹟と呼ぶものはまさに数学によってこそ理解できるものである。なぜなら、いかなる事柄も数学にとっては思議可能だからである。」

ノヴァーリスのこのような言葉には、単に数と空間関係の科学を神化しようとする考え方だけでなく、魂の内的体験のすべてが宇宙全体と本質的な調和的関係を持っており、そしてこのことを感覚性から離れた純粋数学の精神構造と数的空間的に秩序づけられた外界の宇宙調和との関係が端的に示している、という観方があらわれているのである。ノヴァーリスはさらに、このことを次のような美しい言葉で語っている。

「人類はわれらの遊星・地球にとっての高次の感覚器官である。人類は地球を上なる世界と結びつける神経であり、上天を見上げる地球の眼である。」

人間の自我と客観世界の本質との同一性の思想がノヴァーリスの一切の創造行為の中でのライトモティーフとなっている。彼の『断章』の中には次のような格言もある。

「人は神を人間の中に求めねばならぬ。人間的な出来事、人間的な思想、人間的な感情の中でこそ、天の神はもっとも明らかに自己を啓示する。」

また、人類全体における「高次の自我」の統一性は次のように表現されている。

「自我なる自由の原点において、われわれのすべてはまったく完全に同一である――この自我から分離した存在が各個体なのである。自我は各個体の共有場所であり、中心点である。」

ノヴァーリスにおいてこそ、当時の時代意識が芸術行為に対して与えた役割が明らかになる。芸術とは、彼にとって人間が低次の自我の狭い枠を超えて、宇宙の創造的な諸力と結びつくための手段なのである。芸術的ファンタジーの創造性の中に、彼は魔術的効力の残照を見ている。そのような意味で、次の言葉も語られた。

「彫像が台座の上に立っているように、芸術家は人間の上に立っている。」

「自然は、芸術に真実の愛を捧げつつ、芸術に帰依し、芸術の望む通りに行うとき、道徳的存在となるであろう。芸術は、自然に真実の愛を捧げつつ、自然の代わりに生き、自然に従って行為するとき、道徳的となるであろう。自然も芸術も、自分自身の決断で、自分自身のために、同時にまた相手の決断により、相手のために、そのように行為しなければならぬ。……われわれの知性が宇宙と調和するとき、われわれは神に等しい存在となる。」

ノヴァーリスの抒情詩はこのような志向によって担われている。特に『夜の讃歌』、未完の小説『ハインリヒ・フォン・オフテルディンゲン』（『青い花』）、さらにはまったく神秘学的思考方法と神秘的感情に根ざした短篇『ザイスの学徒』がそうである。

このように、これら若干の人物を見てきただけでも、当時の詩作と思索の根底に、神智学的＝神秘的底流が流れていたことを知ることができる。例にあげるべき人物はさらに幾らでも増やすことができるが、ここではそのすべてを取り上げることではなく、この精神的な時代の基調を若干の線で輪郭づけることが試みられたのである。

霊的直観力にめぐまれた個々の神智学的傾向のある人物たちがこの時代のいとなみの中で、それぞれの仕方で、神智学の根本理念の一部分を独自に発見できたという事実も、以上の事柄から容易に理解できるだろう。

例えば、ローレンツ・オーケン［一七七九〜一八五一］は独自の自然哲学を打ち立てたが、それは一方ではパラケルズスやヤーコプ・ベーメにまでさかのぼる神秘主義の伝統を示し、他方では生物の進化と相互関連とをめぐる天才的着想を通して、ダーウィン主義の是認さるべき諸部分を先取りしている。シュテッフェンス［一七七三〜一八四五］は地球の発展過程の中に、コズミックな霊的いとなみの反映を見出そうとした。またエッカルツハウゼン〔一七五二〜一八〇三〕は、自然や魂の異常現象を神智学的、神秘主義的な仕方で説明しようとした。エネモーザー〔一七八七〜一八五四〕の『魔術の歴史』、ゴットヒルフ・ハインリヒ・シューベルト〔一七八〇〜一八六〇〕の夢の現象や自然における隠れた諸事実に関する諸著作、ユスティヌス・ケルナー〔一七八六〜一八六二〕、カール・グスタフ・カールス〔一七八九〜一八六九〕の叡智に富んだ著述も同一の方向に根差している。

シェリングは純粋なフィヒテ主義からますます神智学の方向に向かい、死後出版された『神話哲学』と『啓示哲学』の中で、人間精神の発達史を諸宗教との関連において古代秘儀におけるその出発点にまで遡行して追求した。ヘーゲル哲学もまた、一度は神智学の光に照らして考察する必要がある。そうすれば、この深い内面性を示す偉大な魂の体験を単なる思弁の所産とみなす哲学史の一面性が明らかになるであろう。

もし、これらをあますところなく取り上げようとするなら、浩瀚な書物が書かれねばならない。しかしここではもう一人、あまり知られていない人物を示唆するだけにとどめておこう。それはＪ・Ｐ・Ｖ・トロクスラー〔Ignaz Paul Vital Troxler〕である。この人物は自らの精神の焦点に神智学的世界考察のさまざまな光を集中させ、多くの点で今日の神智学の思想にまったく一致する思想の世界を生み出した。彼の生涯は一七八〇年から一八六六年にまで及ぶが、その著作の中では、特に一八一二年に出版された『人間本質論』が問題になる。

トロクスラーは人間の本性を魂と肉体とに区分する一般のやり方を間違いだとして退けている。彼によれば、人間の本性はまず四つの部分に区別されねばならない。すなわち霊・高次の魂・生体（低次の魂）及び身体である。この区分がこんにちの神智学書中に述べられていることとどれほど近いかを認識するには、それを正確に受け取りさえすればよい。彼の意味での身体は、こんにち肉体と呼ばれるものとまったく一致している。低次の魂、つまり彼が身体に対立する生体と呼んだものは、いわゆるアストラル体のことにほかならない。これは決して牽強附会を意味していない。主観としての低次の魂は、客観としては昔の研究者たちが用いたアストラル体という言葉で特徴づけるべきだ、と彼自身述べているからである。

「したがって、人間の中には必ず、古代ギリシアの賢者たちがソマ・アストロエイデスおよびウラニオン・ソマもしくはスケマ・プネウマティコンという言い方で予感し、表現したものが存在する。これは生命の中間領域の基体として、不死の生命と死すべき生命との結び目なのである。」

トロクスラーの同時代人である詩人や哲学者の場合、神智学は底流としてのみ存在した。しかしトロクスラーは、この神智学を彼をとり巻く精神的環境の中で、非常に高い度合いに到るまで認識し、それを独自の仕方で表現している。そのようにして彼は独自の力で、太古の叡智の中に見出される内容の多くを把握するに到った。しかし、彼は直接古代の伝承の上に立とうとはせず、彼の時代の思考と心情とに即して、根源的神智学とも言うべきものを創造した。この彼の思索の過程を辿り、その中に深く沈潜することには非常に心をそそるものがある。

訳者による解題

ここに訳出したルドルフ・シュタイナーの論文は、一九〇六年六月四日、パリで開かれた神智学協会年次大会で行った講演の内容を、後から雑誌『ルツィフェル＝グノーシス』のために書き下したもので、戦後、雑誌『ルドルフ・シュタイナー遺稿管理局報』（第一一巻、一九六三年）に掲載され、その後、全著作集の一巻『哲学と人智学』（一九六五年）に収録された。

ルイ・ポーウェル、ジャック・ベルジュ共著『魔術師の朝』（伊東守男抄訳『神秘学大全』、サイマル出版会）やJ・H・ブレナン著『オカルト帝国』（小泉源太郎訳『魔術師ヒトラー』、大陸書房）に論じられているように、ナチスの魔術的権力思想によって最大の敵と目されていたルドルフ・シュタイナーは二〇世紀におけるいわゆる「白魔術」を代表する神秘学者であり、精神生活における自由、国家＝法生活における平等、経済生活における友愛の三原則をラディカルな立場から主張する社会思想家でもあった。その彼は自分の立場の直接の源流を、多くの神智学者と異なり、東洋の叡智にではなく、一八世紀末から一九世紀初頭にかけてのドイツ精神文化の中に見出し、晩年に到るまで繰り返して、ゲーテ、ノヴァーリス、フィヒテ、ジャン・パウル、ヘーゲルらの思想を愛情をこめて論じた。

数多くのそのような論文・講演の中でも、本論文は、森鷗外、阿部次郎以来、われわれにとっても極めて身近なものとなっているドイツ文化のあの最盛期の特質である「個体主義」を、オカルティズムとの関連の下に論じ、非常に重要な内容を含んでいるが、同時にアニー・ベサント、リードビーター、エドゥアール・シュレー、老オルコットら、神智学の代表的人物たちの前で、シュタイナーが特に何を語ろうとしたかを知る上でも、非常に興味ある論文である。

（初出　『地球ロマン』一九七七年三月号／『血はまったく特製のジュースだ』〔イザラ書房、一九八三年〕に収録）

血はまったく特製のジュースだ

1906年

Blut ist ein ganz besondrer Saft

1

今日の講演のテーマは、ゲーテの『ファウスト』からとられた言葉である。人間として、努力の限りをつくすファウストは、地獄の使者、メフィストフェレスによって代表される悪の力と盟約を結ぶ。その際、ファウストは血で誓約書に署名することを求められた。彼はこのことを冗談だと思っていたが、メフィストフェレスは、疑いもなくゲーテによって深刻な意味を与えられている、「血はまったく特製のジュースだ」というせりふを洩らすのである。

ゲーテの『ファウスト』のこの箇所について、これまでのいわゆるゲーテ注釈者たちは奇妙な態度をとってきた。

周知のように、ゲーテの『ファウスト』については、それらだけで、立派な図書館を充たすことができるくらい、厖大な量の文献が書かれてきた。その中でゲーテ研究家たちは、実に『ファウスト』のこの箇所にさまざまな観点から解釈を加えてきたが、それについて立ち入った論評を加えることが、今日の講演の目的ではない。しかしこれらの解釈のどれも、現代の代表的ファウスト学者のひとりであるミノール教授の場合と大して異なってはいない。彼も、他の注釈者たちと同じように、この言葉を、メフィストフェレスが一種の反語的口調で語ったものと考えている。その上、ミノール教授は実に奇妙な注釈を付け加えている。その注釈を聞けば、人はゲーテ学者が行き着こうとする結論におそらくびっくりすると思う。彼の結論は、「悪魔は血の敵なのだ」、ということなのである。血は本来、人間の生命を強め、維持するものであり、一方、悪魔は人類の敵であり、人間の生命の破壊者なのだから、血もまた悪魔にとって、敵でしかありえない、というのである。

　ミノール教授は正当にも、すでにファウスト伝説のもっとも古い文献の中でも、血が同一の役割を演じていることに注目している。ある古いファウスト文献には、ファウストが小さな羽根の小刀で左の手に傷をつけ、流れる血で誓約書に署名したこと、そしてその左手の上に流れた血が、「おお、人間よ、ここから逃れよ」、という文字を形作ったことが記されている、という指摘は重要である。しかし、悪魔が血の敵であり、血の敵であるからこそ、血の署名を要求したのだ、という彼の解釈は説得的とはいえない。いったい誰が反感を持っているものを欲しがるだろうか。合理的に考えるなら、この箇所でゲーテのみならず、原伝説やゲーテ以前のファウスト文学が示唆しているのは、血が悪魔にとって特別の何かであり、誓約書に通常のインクではなく、血で署名することが、悪魔にとって非常に重要なことだった、という解釈しか出てこない。つまり、悪の力のこの代表者は、ファウストの血の少くとも一滴を自分のものにすることで、ファウストを完全に掌中に収めることができると信じており、したがって血の敵だからではなく、血を奪い取る必要があったからこそ、ファウストに血の署名を要求したのである。ある人間の血を奪い取れば、その人間を支配できるという点で、血は悪魔の特別愛好するジュースなのだ、という注目すべき感じ方がこの箇所の根底に存在している。善と悪をめぐる人間と悪魔の戦いに際しては、血が決定的役割を演じる、ということをこの箇所は示唆している。

民族が神話、伝説を通してわれわれに伝えようとしている内容に対して、それを民族の無邪気なファンタジーのあらわれであるとか、詩作する民族の魂の表現であるとか考える無邪気な学者的態度は、すでに過去のものといえるだろう。詩作する民族の魂という言い方は、緑の学者机の、つまり緑のデスク・パッドを敷いた事務机と少しも変らぬ学者机の産物であろう。民族の魂にとっては、詩作や創作そのものよりも、民族の運命にとって深刻な意味をもつ事実の伝達のほうが重要だったのである。このような事実が不思議な力や出来事として、神話、伝説もしくは童話の中で表現されてきたのである。太古の時代から伝えられてきたそれらのイメージの世界に沈潜するものは、そこに根源的叡智の表現を見出すことも不可能ではない。

こういえば、人は当然次のような疑問を持つであろう。太古の原始的な観念しか持っていなかった素朴な人間が、いったいどのようにして、現代の学問もまだ解明できずにいるほどの世界の謎を、すでに神話、伝説や童話のイメージの世界の中に表現することができたのか。けれども、神話や童話の成立事情を神秘学の観点から理解するなら、こうした疑問はすべて消えてしまうだろう。そして、原始時代の一見素朴な観念の中に、太古の叡智のまったき表現を見出すであろう。

　血の問題に関しても、神話や伝説は重要な意味を物語っている。なぜなら、古代の叡智は血というあの特製のジュースが人類にとって何を意味しているか、よく知っていたからである。太古の人間がこの叡智をどこから得たのかについては、後日あらためて論じるつもりである。今日は、血そのものの意味を文化の発展との関連において神秘学の立場から考察しなければならない。そのために、古代エジプト文化に由来する古い言葉をはじめに取り上げておこう。ヘルメス・トリスメギストスの叡智が語るこの言葉には、一切の神秘学の根本命題が表現されているからである。それは、「下にあるものはすべて上にもある」という言葉である。

　この命題については多くの半可通の説明が加えられてきた。しかし、われわれの立場から解釈すれば、人間の五感が把握している世界は世界のすべてなのではない、それは霊界というその背後に隠された、より深い世界の表現であるにすぎない、とそれは語っているのである。ヘルメス主義のこの根本命題においては、霊界は上の世界と呼ばれており、われわれを取り巻く感覚世界はこの霊界の表現である下の世界と考えられている。古今の神秘学はすべて、この命題を自明のこととして受け取ってきた。したがって、神秘学の研究者は感覚の世界を究極のものとは見ず、その背後に存する魂界と霊界との一種の相貌であると見る。ちょうど人間の顔を観察する場合に、顔の個々の形態にとらわれず、その相貌の中に魂や霊の表現を見るのと同様である。

相手の顔を観察するときに、誰でも自然に行っていることを、神秘学者は世界のあらゆる事象に対して行う。たとえば「下にあるものはすべて上にもある」を人間の顔に適用するなら、顔の中には、魂のさまざまな衝動が、固い剥《む》き出しの表情の中には粗野な魂が、明るい微笑の中には歓びの感情が、ひとつぶの涙の中には魂の苦悩が存在する、と言い換えられる。

人間の知恵との関係において、このことを考えてみよう。神秘学は古来、人間の知恵が常に何らかの意味で苦悩を伴った経験と結びついている、と教えてきた。今、苦悩の只中にいる者は、その苦悩の作り出す魂の分裂や不調和を体験しているであろう。しかし一度苦悩を克服して、その経験を客観化することができた者は、必ず何らかの知恵をそこから得ている。――人間が私に提供してくれる喜びや快楽、もしくは満足感は、ただ感謝しつつこれを受け取るのみである。しかし、私はすでに過去のものとなった私の苦悩を、こうした喜びのすべてと交換しようとは思わない。なぜなら、私は苦悩のおかげで、知恵を身につけることができたのだから、

――そう神秘学の研究者は考える。だから神秘学的見地からすれば、知恵とは結晶化された苦悩なのである。魂の内なる苦悩は、それが克服されたとき、この世の知恵となって外に現れるのである。

興味あることには、現代のより物質主義的な思考方法もまた独自の仕方で、今述べたところに立ち返っている。ごく最近、思想家の自己表現法についての面白い本が出版された。著者は神秘学者ではなく、自然科学者であり、心理学者である。人間の内面生活と思考方法とが人相の中にどう表現されているかを論じるに際して、この研究者もまた、思想家の顔の表情の中には常に、過去に体験してきた苦悩を想起させるような何かがある、という点に活目している。

神秘学の太古のひとつの根本命題がより唯物的なわれわれの時代に甦ったことは、この根本命題の存在にひとつの美しい確認を与えている。このような確認は今後も文化の深層のますます奥深いところで見出されるようになるだろう。

神秘学にとっての決定的な観点は、われわれを取り巻くすべての事物が、鉱物界、植物界、動物界をふくめて、背後の霊的ないとなみの相貌であり、上なるものに対する下なるものであるということである。この観点からいえば、万物がそこに由来する「上なる」世界を知らなければ、感覚世界の諸事象も正当には理解できないことになる。その意味で感覚世界において血という相貌を示しているものの霊的背景を認識することは、われわれの精神文化全体の本質の認識をも意味する。なぜなら、こんにち大きな社会的変革の只中にいるわれわれの状況のいたるところに血の問題が現れているからである。単に青少年だけでなく、民族全体の教育の問題や、婦人問題、平和の問題等の社会問題の本質も、血の霊的背景を知るとき初めて明らかになる。

今日になって注目すべきことに、ふたたび立ち現れてきた人種問題が、血の問題と関連していることを否定するものは誰もいないであろう。血と混血の秘密にみちた作用を理解するとき、初めてわれわれは人種問題をも理解する。現在ますます緊急の課題となった植民地問題も、血との関連なしには理解できない。そこには曖昧な道徳感情ではなく、生存の根本問題がかかっているのである。

血そのものの機能は、通常の自然科学を通して学ぶことができる。それは人間や高等動物の血が本当に「流動する生命」であることを教えている。血を通して内なる生命が外に開かれ、外から酸素を摂取する。生命の内部をこの流入する酸素にいわば晒《さら》す、くすんだ赤い色の血は、有機体にとって一種の毒素であり、一種の破壊者である。しかし、この血が酸素を吸収して、一種の燃焼過程を通過すると、生命を賦活する鮮紅色の血に変化する。この血は身体のあらゆる部分に浸透して、養分をその各部分に貯える。このように、血は外界の成分を直接自己の中に摂取し、最短の道を通って、それを生体の栄養のために用いるという役割を果たしている。

人間や他の高等動物の生体にとって必要なことは、絶えず造血作用を行い、空気中の酸素を血の中に摂取し、身体の成長を血によって促進し、維持することである。

ある優れた心理学者が、このような血液とその循環運動を第二の人間に喩《たと》え、骨と筋肉と神経組織から成るもう一方の人間に対して、一種の外界のような関係をもっていると言っているが、たしかにこの「もう一方の」人間は、外界に対するように、絶えず血から自己保存の力を受け取り、同時に不要なものを血に引き渡している。血はこの意味で、この人間に対するドッペルゲンガーであるといえる。血は「流動する第二の人間」である。血は下等な有機体にとっての繊維素《セルロース》に似た役割を、高等動物のために演じている。

自然の偉大な探求者エルンスト・ヘッケル［一八三四〜一九一九］は自然のいとなみへの深い洞察から、本来血が有機体の中でもっとも後から形成されたものであることを知った。彼によれば、母胎内の胎児の成長過程を辿ると、骨や筋肉が形成されたずっと後になって初めて血が血管組織と共に形成される。この点から類推して、そもそも生物進化の後期の段階において、すでに形成された他の諸器官がそれを可能にするまでに発達したときに初めて血液が生じたのであり、これによって進化の過程がひとつの頂点に達し、ここに人間固有の精神のいとなみを可能にする条件が初めて作り出された、と彼は考えている。

2

さて、ここで血の背後で作用している隠れた霊的法則そのものに向かおうと思うが、そのためには神秘学の若干の基礎概念を知っておく必要がある。これらの概念については、これまでに幾度もこの場所で、講演のテーマとして取り上げてきた。神秘学の基本的な概念内容が理解できたとき、「上なるもの」が血という相貌の中で、どのように表現されているか、をも理解できるであろう。これらの概念は、まだ神秘学について何の予備知識もない場合、単なる空想の産物であり、これらの概念で思考することは不可能であるとしか思えないかもしれない。しかし、誰かがある言葉で思考することが全然できないという場合、それは必ずしも言葉に含まれている概念の欠陥によるのだとは限らない。機智に富んだゲオルク・クリストフ・リヒテンベルク［一七四二～九九］の警句を少し作り変えて引用するなら、「書物と頭がぶつかり合って空《うつ》ろな音を立てたとしても、必ずしもそれは書物の罪なのではない」。神秘学の内容と現代人の頭脳とがぶつかり合う場合も同様である。概念内容がそこで空虚な響きしか発しなくても、それは必ずしも神秘学の罪ではないのである。

さて、神秘学的世界観からいえば、われわれの感覚が捉える人間の形姿は、人間の存在形態の一部分を成しているにすぎない。人間は肉体の背後に別の存在部分をもっている。人間はその周囲の鉱物界の生命なき物質のすべてと、肉体の成分を共有している。しかし人間は、肉体を超えて、いわゆるエーテル体もしくは生命体をもっている。エーテル体は、肉眼が色彩を知覚するのと同様の意味で、霊視力のある人にとって現実に存在する。それは無機的素材を、生命ある存在に変えるために、生命の糸でいわば縫い合わせる。自然科学者は生命原則を、顕微鏡その他の道具を通して見ることのできるものの中に内在するものとして説明しようとする。しかし神秘学は、肉体と同一の存在領域の中にではなく、生命固有の存在領域の中に、この生命原則をエーテル体として認識するのである。

ひとつの事柄の存在について断定を下すことができるのは、それについて体験をもっている者だけである。体験をもたぬ者が、生命体の存在領域など認識不可能な仮説であり、幻想であると批判するなら、神秘学は次のように答えるしかない。

「君がいまのままの君でありつづけるなら、エーテル体を見ることはできないかもしれない。その限りでは、『自然認識の限界』や「イグノラビムス」〔生命の認識不可能性についてのデュ・ボア＝レイモンの言葉―訳者〕について語ることができる。しかし、人間は誰でも霊的潜在能力をもっているのだから、もし君が霊的事物の知覚に必要な能力を身につけるなら、認識の限界はもはや語れなくなる。このような限界は、人間が内的感覚を開発しようとしないからこそ、存在するのである。不可知論はわれわれの霊的進歩を抑圧する重圧以外の何ものでもない。人間とは、これこれしかじかのものであるから、これこれしかじかのことしか認識できない、という主張に対して、人間が現在これこれしかじかの存在であるなら、いつかは別の存在になり、別の事柄をも認識するようになるに違いない、という主張で応じるのみである。」

　人間はこのエーテル体を植物界と共有しているが、人間の第三の存在部分であるアストラル体は、生命あるものを感覚的存在にまで引き上げる。それゆえ生体は、内部に流動する生命液をもつだけでなく、アストラル体の働きによって、快と苦、喜びと悲しみをも持つのである。植物と動物の間にはさまざまな中間段階が存在するにしても、両者の本質的な区別はこのアストラル体の有無にかかっている。アストラル体という美しい表現がいかに適切なものかについては、別の機会に語ろう。アストラル体を別の言葉で呼ぶ神智学者もいるが、それはアストラル体の本質を知った上でのことではない。

　最近の自然科学者の中には、植物にも直接的意味で感覚が存在している、と信じる人たちがいる。しかし植物の感覚というのは、言葉の遊びにすぎない。もちろん植物の中には、何かが近づいたり、刺戟を与えたりしたとき、それに反応を示すものもあるが、それだけではまだ感覚であるとはいえない。植物の内部に反応の結果、心象が生じるのでなければ、反応を内的に体験する能力があるという根拠にはならない。内的に体験する能力はアストラル体に由来する。

したがって、動物にまで進化した存在が初めて、肉体、エーテル体のほかに、アストラル体をも持つのである。

人間は、あるまったく特別のものによって、この動物界からも抜きんでている。ジャン・パウル［一七六三〜一八二五］は『自伝』の中で、この特別のものについて語っている。彼は幼い頃、家の庭で、自分が一個の「私」として、自分自身に向って「私」と言うことのできる存在なのだ、という思いに襲われた。彼に深い印象を与えたこのときのことを、彼は後々まではっきり憶えていた。従来の外面的な心理学はこの点をめぐるもっとも重要な事実を見過している。

ごく簡単に、ここで問題の本質を示す微妙な考察に触れておきたい。言語のすべての領域の中でたった一つだけ、他のすべての言葉と根本的に異なっている言葉がある。今われわれのいるこの広間の中のどんな事物も、その物の名前を呼ぶことができる。どの机も、どの椅子も、机であり椅子である。しかし一つの言葉、一つの名前だけは、この名前を発するもの以外の誰かに対して、これを使用することができない。それは「私」という言葉である。誰も他の人間を「私」という言葉で呼ぶことはできない。この言葉は魂のもっとも内なる部分から響いてこなければならない。魂自身だけが、自らに与えることのできる名前だからである。私にとって、自分以外のすべてのものは「お前」であり、私自身は、すべての他のものにとって「お前」である。

すべての宗教は、この「私」を魂の最高の部分の表現であり、この存在を通してのみ、魂は自分自身の中に神性を語らせることができる、と感じていた。ここに初めて、いかなる霊能力をもってしても外側からは行きつくことのできぬ魂の存在部分が始まる。この部分は決して外から意味づけられることはできない。この存在の意味は、もっとも内なるところからのみ語ることができる。この部分において初めて、魂の独白と自己対話とが始まる。そして魂に内在する神性は、このような自己対話を通してのみ、自らを告知することができる。

古代のユダヤ教にとって、この名前こそ「言い表し難い神の御名」にほかならなかった。こんにちの文献がどう翻訳しようとも、古代ユダヤの神の名は、現代語の「私」以外の何ものをも意味していない。古代においては、秘儀の導師が発する「我こそ『我』なり」という「知られざる神」の御名が神殿に響いたとき、神殿の参列者たちはその深い意味を予感して、感動に貫かれたことだろう。この言葉の中に、人間存在の第四部分が表現されているのである。地上の存在者の中で、人間だけがこの存在部分を所有している。しかもこの「私」は、人間の未来の高次の存在諸部分の萌芽を内蔵し、これを育成しつつあるのである。つまり、人間は肉体、エーテル体、アストラル体、ならびに本来の内的生命である「私」の四部分から成り立っているが、それだけではなく、この内的生命の中には、三つのそれ以上に高次の存在部分が萌芽として存在しているのである。これらの高次の部分とは、マナス、ブッディ、アートマン［インドのサーンキヤ哲学に由来する神智学の概念―訳者〕、ドイツ語でいえば、霊我（Geistselbst）、生命霊（Lebensgeist）、霊人（Geistmensch）のことである。霊人は現在まだ単なる理念であるに留まり、「私」の内部の小さな萌芽として存在するだけであるが、はるかな未来においてその開花を見るべき、人間本来の真の姿である。一般に存在の位階が七つの段階に分けられるように、人間存在もまたこのような七つの段階をもっており、それは下位の四つの部分と上位の三つの部分とに区別される。

　肉体を構成する成分はすべて、外なる無機的自然の中にも見出すことができる。酸素、窒素、水素、硫黄、燐等々として。これらがエーテル体によって生命ある存在に変えられ、さらに、われわれがアストラル体と名づけたものに浸透されたとき、外界のいとなみを内的に反映させることのできる、内的体験をもった存在が生じる。換言すれば、アストラル体によってエーテル体は感覚能力を喚び起こされるのである。しかし、肉体とエーテル体にアストラル体が加わったばかりの原始的な動物の感覚能力は、まだ外界を知覚することができず、もっぱら自分自身の生命のいとなみだけを知覚している。つまり一個の自己閉鎖的な感覚生活がそこではいとなまれている。このことはわれわれの問題との関連において、非常に興味ある、重要な事実なのである。

　われわれがある鉱物の結晶を観察するとき、その結晶形態を、鉱物界を支配している或る種の自然法則の表現であると考えることができる。どの結晶体の場合も、その形態は周囲の自然的環境なしには生じえなかった。その存在形式の中には、大自然の力が作用している。自然界に存在するいかなるものも、それだけを取り出して存在させることはできない。地上数マイル離れたところへ行けば、もはや生きていけないくらい、環境に結びついている人間の場合と同様である。人間が存在しうるところには、生きるに必要な自然的諸力が人間のために作用し合っているように、結晶体の場合も同様である。そして結晶を正確に観察するものは、その中に大自然の力がひとつの押型として現れているのを見る。だからジョルジュ・キュヴィエ［一七六九～一八三二］が、「すぐれた解剖学者は一個の骨から、その骨の属する動物の姿を推測することができる、なぜならどの動物の骨もまったく特有の形態を示しているから」、と述べたことは正しい。

　このように、結晶形態の中には、大宇宙の力が働いている。そして個々の生物の中にも、同様に大宇宙の働きが表現されている。ある生物の生命液の流れはすでにひとつの小宇宙であり、大宇宙の押型である。それではいったい、ある生命が感覚能力をもつようになったとき、そのような、もっとも原始的な動物の感覚知覚の中には、何が反映されているのか。同様にこの大宇宙の力が、その諸法則が反映されているのである。すでに原生動物の中には小宇宙が反映されているのである。すでに原生動物は小宇宙的に大宇宙のいとなみを自分の内部に感知しているのである。原生動物の自己閉鎖的な感覚生活は、結晶体が宇宙形式の押型であるのと同じ意味で、宇宙形式の押型なのである。ただその場合、意識の在り方は模糊として暗い。しかし、意識が模糊としているということは、他面では意識が巨大な拡がりをもっているということでもある。全宇宙がこのような動物の模糊とした巨大な意識の拡がりの中に映し出されている。

　このことは、すでにもっとも原始的な動物に具わっているあの三つの体のはるかに複雑な構成体である人間の場合にも、同じように言えるはずである。人間の場合にもその組織は周囲の物質界の成分から成り、植物同様に彼を生命ある存在たらしめている生命液をうちに含み、そして、その体液の中には感覚を可能とする神経組織が組み込まれている。人間の場合、この神経組織に当るものはいわゆる交感神経である。人間における交感神経は背骨にそって両側にのび、それぞれの側で一連の結接点をもち、そこから分岐し、そしてその繊維を肺や消化器官などのさまざまな器官にまで送り込んでいる。それは側索によって背髄と結びついている。

　本来、この交感神経系のいとなみは、今述べたように、自己閉鎖的な感覚生活を意味していた。しかし、現在の人間はその意識の働きを、この神経系のところにまで及ぼさせることができなくなってしまっている。もしこの神経の映し出す暗い模糊とした映像を意識化して、その代わりに覚醒時の意識生活を司る上位の神経系の働きを眠らせることができたら、人間はある薄明るい光の大海の中にいる自分を感じ、その中で大自然の諸法則のさまざまないとなみを観ることができるであろう。

古代の秘儀の伝統の中には、こんにちでは失われている見霊能力があった。それは上級の神経系の活動を抑え、下位の意識を解放することでこのような知覚を甦らせる。その場合、人間は「上なる」世界の鏡となった交感神経組織の中に独特な仕方で生きていた。ある種の動物はこのような意識段階をもちろん、こんにちでも保持している。それは暗い模糊とした意識ではあっても、現在の人間の意識よりも本質的に拡大された意識なのである。こんにちの人間が明るい光の中に知覚する「下なる」世界の小さな断片ではなく、「上なる」世界の無限の拡がりがこの暗い内面生活の中に映し出されている。

しかし、動物は進化の過程で、背髄をこの交感神経組織に組み込むようになる。そして背髄と脳髄の組織が、「下なる」世界を直接認識する諸器官を発達させる。意識はもはや「上なる」宇宙の根源的な形成諸法則を反映するだけでなく、外的環境と直接繋がりをもつようになる。交感神経が上級の神経系と結合する過程は、アストラル体に生じた変化の過程の表現なのである。それはアストラル体がもはや模糊とした意識をもって「上なる」宇宙のいとなみを共に生きるだけでなく、この宇宙のいとなみの外に、アストラル体固有の内的生活を発達させた結果なのである。交感神経系を通して、生命体は大宇宙そのものを感得し、上級の神経系統を通して、自分の内部にのみ関わりのある「下なる」世界の諸事象を感知する。そして現在、人類のもつ進化した神経組織は、外界の単なる一小部分だけをきわめて明瞭に映し出すだけではなく、共感と反感の織り成す主観的世界の中で表象することのできる能力を産み出した。けれども、このことの代償として、人間はあの暗い模糊とした「上なる」根源世界の体験をもつ能力を失った。

アストラル体による背髄と脳髄の形成と並行して、エーテル体による別の変化が、進化のこの段階には現れている。エーテル体からアストラル体が喚び起こされ、そして交感神経系に背髄と脳髄の組織が付け加えられると、今度は逆にアストラル体がエーテル体に作用して、エーテル体の表現である生命液に変化を起こさせ、生命を維持するためだけの体液から、さらに高度の機能を有する血液を生ぜしめるのである。脳髄と背筋が個体化したアストラル体の表現であるとすれば、血液は個体化したエーテル体の表現であるといえる。そしてこのエーテル体の個体化から、「私」のいとなみが生じる。

以上のところまで進化の過程を辿ってみると、人間には互いに連鎖した五つの部分がまず与えられていたことがわかる。第一に肉体、第二にエーテル体、第三にアストラル体、（換言すれば、第一に無機的物質的諸力、第二に植物にも存在する生命液、第三に低次の神経系統、つまり交感神経系）、第四に背髄と脳髄によって表現されている高次のアストラル体、第五に、血によって表現されている個体化したエーテル体である。そして、この第五の部分が成立したことで、

「私」の原則が働くことができるようになるのである。

エーテル体とアストラル体の原則が個体化されたように、外なる無機的素材を取り入れて人体を構成する肉体の原則もまたいつかは個体化するはずである。そのときには人間の魂という「上なるもの」の個性的特徴が人体の相貌の中に、残りなく表現されることになるのであろう。しかし、この変化は現在の人間にあってはまだ萌芽として存在しているにすぎない。

どのようにして外なる無機的素材が人体の中に取り入れられるのか、どのようにしてエーテル体がこの素材を生命ある構成体に変えるのか、そして、どのようにしてアストラル体によって外界の像が形成されるのか、さらにまた、どのようにして外界のこの反映が内的体験になり、次いでこの内的体験からふたたび外界の像が表象像もしくは記憶像として再生産されるようになるのか、神秘学はこれらの問題を以上のような関連において理解するのである。

さて、個体化がエーテル体にまで及んだとき、血が生じた。血管組織は心臓をも含めて、この個体化したエーテル体の表現であった――ちょうど背髄と脳髄の組織が個体化したアストラル体の表現であったように。ところが、脳髄を通して外なる世界が内面化されたように、血を通してこの内面世界が外面化されたものが、こんにちの人間の形姿なのである。この外面化の過程は非常に複雑であるが、ごく単純に図式化すれば、次のように言える。

脳髄を通して内面化され、個体的性格を与えられた外界の像を血が摂取すると、それらの像は血の中で生命を形成する力に変化する。そして、この形成力によって、現在の人体が作り出される。その意味では、血は人体を形成する実質であるともいえる。しかし、血の人体に対する働きは、このことと並んで、もうひとつ別のプロセスをも辿っている。血は直接外界に向けて開かれている。そして、外界における極上の成分である酸素を直接摂取し、それによって繰り返して自己を賦活し、新しい活力を得ている。血における人体形成のための以上二つのプロセスによって、われわれは、一方では外界から内面世界を通過して血に到る道、他方では直接外界から血に到る道の、二つをもっていることになる。

　さて、われわれは人間の血が成立した時点がどこにあるかをすでに知っている。すなわち、それは人間が独立した存在として外界に向い合い、外界から受け取った感覚内容をもとにして心象世界を創造し、この創造行為の中で自我もしくは自己意志が目覚めに到る時点であった。このプロセスがまだ可能ではない場合、どの高等動物も自分で自分のことを「私」ということができない。だからわれわれは、人間の血の中に「私」を成立させる原則が働いている、ということができる。自我（「私」）の存在は、外界から得た感覚内容を自己の内部で表象像として再生産できた場合にのみ、自己を表現することができる。

「私」であるためにはこの表象像の体験が前提となる。もし人間が単に脳髄だけを所有していたなら、外界の印象を自己の内部で生産し、それを体験することはできるだろう。しかし、どのような主観的色合いで染められたにしても、その像は外界の像であるにとどまる。外界の像を自分自身に固有の表象像として再生産するときに初めて、その像は外界の反映であるにとどまらず、自我の表現となり、「私」そのものになる。単なる交感神経だけの存在は、「上なる」世界を映し出しはしても、これを自分の内面生活とは感じない。背髄と脳髄を所有する存在となって初めて、この映像を自己の内面生活と結びつけて感じる。しかし人間は血を所有することによって、自分の内面生活を自分に固有の世界として体験する。この人間固有の世界が、血を通して、一方では外界の酸素の助けをかり、他方ではこの内面世界の法則に則って、人体の形姿を形成するのである。

　この形成過程は「私」の自己表現であるということもできる。「私」は二つの側面に向い合っている。内に「私」の眼差しが向けられ、外に「私」の意志が働く。「上なる私」のこの態度の外的表現が「下なる血」なのである。血もまた、内に向ってアストラル体から形成力を得、外に向って外界から酸素を摂取する。人間は睡眠状態に入ると、無意識の中へ下降し、血の中のこの形成力の働きを直接体験する。しかし覚醒時には、血が脳と感覚器官の産み出す像を形成力に変える過程を体験することはできない。このように血は内的心象世界と外的形象世界との中間に位置する存在なのである。

3

二つの現象を考察することが、人間の血のこの基本的役割の意味を明らかにしてくれるであろう。その現象のひとつは血統、つまり人間の血縁関係であり、もうひとつは祖先の体験世界の追体験である。

血統からいえば、人間は人種、民族、家族の一員として、祖先から遺伝されたものを血の中に保っている。過去の肉体的関連から生じたものがいわば血において総括されている。人類の祖先たちは現在とは異なる生き方をしていた。こんにち、覚醒時の人間は、自分の内部の諸器官が担っている「上なる」世界の諸内容については何も知らない。したがって、祖先から遺伝によって血の中に刻印されてきたものも無意識のままにとどまっている。しかし、太古の時代においては、事情がまったく異なっていた。

当時、人々は血の中に、感覚が外界から受け取ったものだけではなく、遺伝的に担われてきたものをも体験することができた。自分たちの幼児期の体験内容と同じように、祖先たちの生活経験をも思い出すことができたから、祖先たちの生活は、自分の生活経験の一部分となって現前していた。意識のこの在り方がこんにちの唯物論的な表象の仕方にとってどれほど信じ難いものに思われようとも、かつてそのような意識が存在していたことは事実なのである。「私はこのことを体験した」、と当時の人間が語ったとき、それは彼自身の個人的体験だけではなく、彼自身の記憶の中の祖先たちの体験についても言われたのである。もちろん、このようなかつての意識形式が、こんにちの覚醒時の日常意識にくらべて、薄暗く、むしろ生《なま》なましく体験された夢のような意識であったとしても、その代わり、それははるかに包括的な意識だった。それは祖先たちの経験にまで拡がっていたのである。子は父や祖父とひとつの「私」の中で結ばれているのを感じた。なぜなら、彼は彼らの体験を自分自身のものとして共に体験したのだから。

このように古代人は単に自分個人の世界に生きるだけでなく、自分の内部に前代の意識をも生かすことができたので、自分を親代々と同じ名前で呼んだ。先祖から子孫にまで、家系を継ぐ者のすべてを貫いて生きている共通のものがひとつの名前で呼ばれた。自分が家系の成員のひとりである、という感情は、真実の生きた感情であった。

いったい何によってこの意識形式が他の意識形式に変化したのか。それは神秘学にとって極めて重要な、ある歴史的事実によってなのである。歴史を遡っていくと、地上のどの民族の場合にも正確にそれと指摘することのできる、ある決定的な時点が存在する。それは古い伝統が生命を失い、家系の血を通して生きてきた根源的叡智が消え、民族が新しい文化段階に入っていった時点である。どの民族もこの転換期を意識しており、それを古い伝説の中で記念している。

それまで部族たちは閉鎖的に生きていた。同一の血族同士の間で結婚することが当然であった。この慣習はどの人種、民族の中にも見られた。人類にとって決定的な時点とは、この原則が崩れ、別の血が別の血と混じり、同族婚が異族婚に移行した時点である。同族婚は家系の血を保持し、代々、部族、民族の中に流れてきた同じ血を個々の成員の中に伝える。異族婚による新しい血の混入は、種族のこれまでの生活原則を崩壊させる。どの民族の中にも、遅かれ早かれ現れてくるこの異族婚による混血のはじまりこそ、理性もしくは外的知性の誕生を人類にもたらした時点なのである。

太古には一種の薄明るい見霊能力が存在しており、そこから神話、伝説が生じたこと、そしてこの見霊的意識は、ちょうど混血が現在の明るい意識を生んだように、同族の血を純粋に保つことによって初めて可能であったこと、このことは神秘学にとって計り難いくらいに重要な事実である。論理的思考が異族婚とともに発展したということは、今のところまだ奇異な主張にとどまっているが、やがて科学的にも実証されるようになるだろう。その端緒はすでに作られている。異族婚によって生じた混血は、それまでの見霊能力を失わせたが、その代わり、人類の意識をさらに一段と高い発展段階へ引き上げた。こんにちの覚醒時の日常意識は、この古い見霊意識から発展してきたのである。しかし、こんにちわれわれはこの発展段階をふたたび引き上げて、祖先返りするのではなく、かつての見霊能力を新しい形式の中に復活させようと努めている。

道徳態度に関しても、混血によって大きな変化が生じた。太古の人間の場合、肉体に内在している祖先たちの特定の善や悪への傾向が血に現れていた。子孫の血の中に祖先たちの生き方の結果を読み取ることもできた。異族婚によって祖先たちのこの霊的繋がりが断たれたとき、各人は霊的に孤立して個人生活をいとなむようになった。各人は自分個人の生活の中で経験してきたところに従って、自分の道徳的傾向を決定することを学んだ。純粋な血においては、祖先たちの権力が、混血においては、自分自身の体験の権力が支配している。このことを諸民族の神話、伝説がよく物語っている。神話には、「お前の血に対して権力を揮《ふる》うものが、お前を支配する」、という思想がよく現れてくる。民族伝統の権力は、もはや血に作用することができなくなったとき、そして外からの血の混入によって、新しい血がもはや祖先たちの権力を受け継ぐことができなくなったとき、消えていくしかない。この事実は、あらゆる範囲にわたって現れている。人間を支配する権力は、それがどのような権力であれ、血にまでその支配力が及ぶのでなければ、まだ意識の表面を支配するにとどまり、まだ決定的なものとはいえない。

したがって、悪の権力も、人間に支配力を及ぼそうとするとき、血を手に入れることがどうしても必要だったのである。これがわれわれのテーマである『ファウスト』の言葉の深い霊的意味である。だから悪の原理の体現者は次のように言う――「血で誓約書に署名しろ。お前の血で書かれたお前の名前を手に入れたら、俺はお前の急所を手に入れたことになる。お前を俺の手元にまで引き寄せたわけだ。血の由来するところに、人間も人間の『私』も由来する」。

二つの人間集団が、たとえば植民地において、ぶつかり合ったとき、異質の文化が土着の文化に受容されるか否かを洞察するには、血の霊的意味が理解されていなければならない。原地人の血の中に、土地の環境が深く作用している場合、異質の文化をその生活に接《つ》ぎ穂《ほ》することは不可能である。多くの地方で原地人が、移住してきた移民たちと折り合うことができず、文化的強制の下になぜ亡んでいかねばならなかったか、の理由もここにある。ヨーロッパ文明を世界の他の諸文化に接ぎ穂できるなどと、信じてはならない。血に要求することが許されるのは、血が受け容れることのできるものだけである。

異種類の動物間の混血がその血を殺す結果になるという事実は、古くからオカルト的に認識されてきた。もし人間と下等な猿との混血が生じるなら、血の形質があまりに異なるために、破滅が生じる。しかし、人間と類人猿の混血の場合には、血が生まれてくるものの生命を奪うことはない。種類の相違があまりに大きくなると、混血が死を招くように、古い見霊能力を持った原始的人間が別の種族と混血したとき、その見霊能力も亡びる。こんにちの一切の精神生活はこの混血の結果以外の何ものでもない。だから、進化に大きな隔りのある動物の種類の間の血と血は殺し合う。近い種類の動物の間の混血は生命を殺さない。人間の有機体は、異なる血と混ざっても生存し続けるが、しかし、その見霊能力は混血または異族婚の影響の下に死滅する。人間の知性が血と血の混ざり合いから生まれ、そしてこの知性の誕生によって、根源的には動物の本能に由来する見霊能力が殺害されたということは、人間の意識の進化にも、動物界の進化のプロセスに似たプロセスがより高い段階で生じていることを暗示している。動物界では、異なる血が異なる血を殺す。人間界でも、異なる血が同族の血と結びついた見霊能力を殺す。同族婚の精神生活は進化の過程で殺された。しかしその代わりに、異族婚から新しいもの、知性、つまり外へ向けられた判断力が誕生した。

　このように、人間の血の中には「私」の本質が生きている。肉体が物質的原則の表現であり、生命液とその組織がエーテル体の表現であり、神経組織がアストラル体の表現であるように、人間の血は「私」の表現なのである。物質的原則、エーテル体、アストラル体は「上なるもの」であり、人間の血と「私」とは中間の存在であり、そして肉体、生命組織、神経組織は「下なるもの」である。したがって、自我を支配しようとすれば、その血を支配しなければならない。

　メフィストフェレスはファウストの自我を手に入れたかったので、ファウストの血を望んだ。

メフィストの言葉は、それゆえ、深い神秘学的認識に根差している。メフィストフェレスにとって、「血はまったく特製のジュースだ」ったのである。

訳者による解題

この公開講演は一九〇六年一〇月二五日、ベルリンの建築家会館で行われた。一九〇六年といえば、ちょうどドイツ表現主義運動の発生期に当たり、新しい価値観を求めて、時代全体が大きく揺れ動いていた。この年、シュタイナーは四五歳、彼自身もまたこの時代的状況の真只中にいた。

近代ドイツの生んだ最大の神秘学者ルドルフ・シュタイナーは、ゲーテ学者、思想史家、文芸評論家としての多彩な前半生を過した後、一九〇二年、神智学協会ドイツ支部の設立とともに、要請をうけてその事務局長に敢えて就任した。一九〇三年以後、機関紙『ルツィフェル』（後の『ルツィフェル＝グノーシス』）を編集発行し、「神智学」（一九〇四年）、「いかにして超感覚的世界の認識を獲得するか」（一九〇四年以後）、その他の基礎的論文を執筆する傍ら、各地で活発な講演活動を始めた。特に一九〇三年から一八年まで続いたベルリンの建築家会館での連続公開講演は、彼自身、自分のもっとも主要な仕事に数えていたように、彼の神秘学研究の成果にそのつど時代の意識に見合った新しい表現形式を与える主要な機会として神智学運動の内外に重要な意味をもっていた。

ここで一九〇六年におけるシュタイナーの業績のあとを簡単に振り返っておこう。建築家会館での公開講演は、この年エソテリックな問題を集中的に扱うところから始まっている。すでに一月二四日にもヴァイマールのフリーメーソン会員のために、「フリーメーソンの意義」についての講演を行っているが、二月から五月にかけて、「エレウシスの秘儀」「ゲルマン密教とインド密教」「一九世紀初頭のドイツの神智学者たち」「ケルト的、ゲルマン的伝承」「惑星の進化」「内的発展」「パラケルズス」「ヤコプ・ベーメ」等がテーマとして取り上げられた。またこの時期にはミュンヒェン、シュトゥットガルトその他の都市でも、「ダンテ」「人間の謎を解く鍵としての輪廻転生」「生活行為の結果としてのカルマの法則」等について講演している。

五月から六月にかけて、パリで神智学協会の大会が開かれた時には、「百年前のドイツ神智学」について講演する一方で、多忙な時間をさいて、ロシアの知人たちのために、一八回の連続講義「コスモゴニー」（いわゆるパリ・チュクルス）を行っている。この講義は彼らから前年すでに依頼されていたのだが、日露戦争のため国外に出られぬ人々があったため、延期されていたのである。この時にはエドゥアール・シュレー、メレジュコフキー、ミンスキー、その他著名な思想家や詩人が聴講した。八月に入ると、友人らとバイロイトへ赴き、青年時代から彼にとって特別の意味をもっていた《パルジファル》の上演に出席し、その深い感動の下に、シュトゥットガルトで神智学会員のための連続講義「神智学の門前にて」（八月二二日―九月五日）を行った。これの速記録がシュタイナーの世界観（後の人智学）を知るための重要な文献とされている五〇の連続講義集の第一冊目に当るものである。

九月一九日、バーゼルでスイス神智学協会の「パラケルズス支部」が設立された機会に「ヨハネ福音書」について、一〇月一三日と一九日にはベルリンで美術工芸に携わる会員のために、「宝石と感覚の関係」「感覚器官と環境との関係」について講演した。この時の講演は後にドルナハで「宝石デザイン・スクール」を設立するきっかけとなった。一〇月二一日、ベルリンで神智学協会ドイツ部総会が開かれた機会には、「いかにして超感覚的世界の認識を獲得するか」と「薔薇十字会における認識の小道」について、さらに同月二二日には「栄養問題と医療問題」について講演した。一一月と一二月にはケルン、シュトゥットガルトその他の都市で音楽や教育の問題を論じている。

さらに一九〇六年一〇月から一九〇七年四月にかけての建築家会館での冬期連続公開講演がこれらと並行して行われているが、そのプログラムは次のようになっている。――「現代における超感覚的認識」（一〇月一一日）、「血はまったく特製のジュースだ」（一〇月二五日）、「苦悩の起源」（一一月八日）、「悪の起源」（一一月二二日）、「病いと死をどう理解すべきか」（一二月一三日）、「霊学的見地からの幼児の教育（一九〇七年一月一〇日）、「霊学的見地からの学校問題」（一月二四日）、「霊学的見地からの狂気」（一月三一日）、「叡智と健康」（二月一四日）、「霊学的見地からの人間の一生」（二月二八日）、「誰が薔薇十字会員か」（三月一四日）、「リヒャルト・ヴァーグナーと神秘主義」（三月二八日）、「聖書と叡智」（四月二六日）。

以上のほとんどの講演の内容は、不完全ながら、聴講者の速記録か憶え書きによって、今日まで伝えられており、現在、シュタイナーの校閲を経ぬままに、ドルナハの「ルドルフ・シュタイナー遺稿管理局」から出版されている。「血はまったく特製のジュースだ」もそのひとつであるが、これは特にその内容の重要さにより、翌年の一九〇七年には単独で出版された。「血」をめぐる諸問題、神秘学のみならず、生理学、民族学、医学、社会学等にわたるその多様な人生との関係の多くは、この講演ではプログラムとしてしか扱われていないが、シュタイナーはその後も繰り返しこの問題に立ち返り、さまざまな角度から血に論及した。特にプラハでの連続講義「オカルト的生理学」（一九一一年三月二〇日〜二八日）では、その大半の内容が血の問題のために費やされている。

シュタイナーは公開講演を行う場合、常に問題に完結した内容を与えるよりも、さまざまな側面から問題に新しい光を投げかけ、聴講者に問題が解決されたという印象を与えるよりも、知的関心と問題意識を喚び起こすことのほうを大切にした。そして聴講者が自分の思考力によって問題をさらに追究し、発展させることができるように論旨を進めることを心掛けた。

この講演の場合にも、動物の血と人間の血との相違とか、エーテル体、アストラル体の個体化という場合の個体と「私」との関係とかいうような、もっとも基本になる、しかし彼の基礎文献である『神智学』や『神秘学概論』を読めばおのずと明らかになるような問題は故意に省かれている。こんにち、われわれがひとつの問題についての彼の思想を知ろうと思うときにも、一度は迷路のようなところへ誘いこまれ、厖大な文献をあれこれ比較検討する間にやっと光が見えてくる、といった経験を何度も繰り返させられるのである。しかし、彼は現代人が自分だけでさらに思索を続けることができるような表現形式を見出すためにあらゆる努力を傾けたから、彼の文献からは類のない精神的な力を汲みとることができる。

シュタイナーは早くから生理学について専門的な研究を重ねてきた。そのことは一九〇三年の連続講義「人体解剖学」をはじめとする多くの医学講義や医師たちに与えた示唆が示している。そしてこんにち、ヨーロッパやアメリカで、そこから出発した新しい医学の方向が活発な運動を展開しており、病院や研究施設の活動も盛んに行われている。

（なお、この講演でも神秘学の基礎概念として用いられている肉体、エーテル体、アストラル体等については、彼の『神智学』（ちくま学芸文庫）の中に詳論されている。）

（初出『牧神』一九七六年十一月号。『血はまったく特製のジュースだ』〔イザラ書房、一九八三年〕に収録）

神智学と社会問題

1906年

Geisteswissenschaft und soziale Frage

1

現在の世界状況を、眼を見開いてよく考察するなら、まず第一に「社会問題」がもっとも緊急の課題であることが分かる。

真剣に人生と向き合うときは、どうしてもこの問題を避けて通るわけにはいかない。人類の理想と真剣に取り組もうとする人にとって、その理想を社会問題として取り上げるのは、当然でなければならない。そしてさらに言えば、問題をこのように表象（イメージ）するとき、われわれにとって神智学の考え方が不可欠になる。これからこの観点に立って、社会問題に向かうつもりである。

とはいえ、神智学は社会問題について何か特別のことを語ることができる、と思う人はあまりいないだろう。神智学の課題は、魂の生活を深化させて、霊界を見えるようにすることだ、と思われているのだから。神智学の立場に立つ人の著作やその思想に少しでも触れたことのある人なら、このことを当然だと思うであろう。

神智学が社会生活に直接役立つとは誰も思っていない。だから神智学による社会問題についての発言など、誰からも期待されていない。「輪廻転生」、「カルマ」、「超感覚的世界」、「人間の起源」などの問題を扱う「教え」が、一体、現代社会の諸矛盾にどう立ち向かおうというのか。そういう疑問が当然出てくるであろう。神智学のような立場は、一切の地上の現実から眼をそむけて、遥か遠くの雲間を飛んで行こうとする、と思われている。そしてその一方で、今みんなが緊急に必要としているのは、地上の現実の諸問題に取り組むことだ、と思われている。

　こんにち神智学に対して抱かれているさまざまな意見の中から、ここで二つの意見を取り上げておきたい。ひとつは、神智学は途方もない空想の産物だ、という意見である。こういう意見があるのは、神智学を学ぶ者にとってなんら不思議なことではない。こんにちの人びとの趣味趣向に従えば、多くの人にとって神智学を学ぶ者の言葉など、とても真《ま》に受けることができないのだから。だから周囲の理解を得ようとするのなら、自分の立場が間違っていないことを、どうしても相手に納得させなければならない。しかし周囲の人たちは、まともに相手にしてくれない。だからひそかにこう自分に言いきかせるしかない。——夢想家だと思われている。それがなぜなのかはよく分かっている。しかしどんなに嘲笑されても、真実は真実なのだ。その真実である証《あかし》は、どう思われているかではなく、どんな確かな地盤の上に立っているか、によって決まるのだ、と。

神智学が出会うもうひとつの意見は、神智学の思想は確かに立派だし、満足できるものだけれども、内なる魂の生活にとって価値があるだけで、きびしい人生の戦いには役立ってくれない、というものである。自分の人生の欲求を神智学の養分で充たそうとする人も、次のように思いがちなのである。——物質生活上の貧困に由来する社会問題は神智学では歯が立たない。

しかしこういう意見が出てくるのは、人生の現実をまったく誤解しているからである。特に神智学的な表象の仕方のもつ意味が分かっていないからなのだ。

神智学は何を教えるのだろうか。その主張はどう証明されるのだろうか。人は神智学の教えから受けとることのできる満足感の中に神智学の果実を見出す。もちろんそれは当然である。人はまず、主張の正しさを満足して感じとらなければならないのだから。けれども神智学の本当の果実は、そういうところには求められない。神智学を学ぶ人が実際生活の諸課題に向き合ったとき初めて、その果実を知るのでなければならない。

大切なのは、実際生活の諸課題を解決するために神智学が役に立ってくれるかどうかなのである。人生に役立ちたいと願う人は、まず人生そのものを理解しなければならない。ここに問題の核心があるのだ。

神智学は何を教えてくれるのか。そう問うだけだったら、この教えは実際生活にとっては「高級すぎる」であろう。けれども、この教えを学ぶことで、思考と感情はどう変わるのか。

そう問う人は、こういう非難をしなくなるであろう。表面的には奇妙に見えるかもしれない。しかし、一見高層ビルの上を漂っているように見えても、神智学思想は、日常生活に対する正しい向き合い方を教えてくれている。神智学は、まさに心を超感覚的な高みへ導くことによって、社会要求の理解を深めてくれる。矛盾しているようだが、そうなのだ。

何を言いたいのか。一つの例をあげて説明してみよう。非常に興味深い本が最近出版された。『アメリカの労働者になって』（ベルリン、K・ジーギスムント社）。著者である政府参事官コルプ氏は数ヶ月間、アメリカで労働者として働いた。その経験は、参事官になるまでの経歴の中では得ることのできなかった人生を教えてくれた。彼のこれまでの人生経験からは得られなかったものを得た。そのことを彼はその本の中で、次のような心に残る文章で記している――「それまでの私は、病気でもないのに物乞いする男を見ると、そのたびに、正義感に駆られて、こう自問してきた。――このルンペンはなんで働こうとしないのか？　今の私は、理論と実際がいかに違うものか、知っている。私は研究室の机の上では、経済学のもっとも深刻な分野でさえも平気で扱っていたのだ」。

ここにはいささかの誤解もあってはならない。この人は、めぐまれた生活状況の中から出て、製パン工場や自転車工場でのきびしい肉体労働をやった。この行為は高く評価されなければならない。まずこのことをあらかじめ強調しておきたい。この人がそれまで身につけてきたすべての経験、すべての学問は、人生を判断するのに何の役にも立たなかった。われわれはこんにち、指導的な地位につくことを夢見て、勉学に励むことができる。その際、そのために努力すべきであるはずの人生そのものからまったく離れたところに立って、そうすることができるのだ。学校で架橋工事のことを学んでおきながら、いよいよ橋を架ける仕事の責任者になったときに、そもそも橋を架けるとはどういうことなのか理解していなかった、ということがあっていいのだろうか。そんなことがあってはならない。

架橋工事のことをきちんと学んでいなかったなら、その不備のところは、実際に仕事にかかれば、まもなく明らかになるであろう。いいかげんな仕事しかできないことが露見して、職を失うであろう。しかし、社会生活を改善するための仕事につきながら、そのための準備が十分にできていなかった場合、その不十分さはすぐには露見しない。いいかげんな架橋工事をした場合は、橋が落ちてしまう。どんなに頭が固い人も、架橋工事の責任者がいいかげんな人であったことを認めるだろう。しかし社会的な仕事においては、いいかげんであることは、そこの住人が生きづらくなることにおいてしか明らかにはならない。この生きづらさといいかげんさとの関連は、橋の落下と能力のない設計者との関係ほどにはっきりとは眼に見えない。

それはそうだろう。しかし、そのことと神智学との間に、どんな関係があるのか。そう言う人がいるであろう。神智学の研究者は、自分の学んだことが参事官コルプ氏の人生によりよい方向を示すことができる、などと信じてもいいのだろうか。コルプ氏が神智学から何かを学んだとして、それが何の役に立つというのか。コルプ氏が宇宙進化の惑星紀について、高次の世界について、「輪廻転生」や「カルマ」について学んだからといって、その知識が社会的に適切な活動をとれるようにしてくれるはずはない。しかし、そう思う人がいたとしたら、ナイーヴすぎる。参事官になるべき人を大学のシュモラーかヴァーグナーかブレンターノのもとに送る代わりに、ブラヴァツキー夫人の『神秘教義』を読め、と奨めるわけではない。

　問題は次の点にある。経済学の理論が研究室の机上でいくら完璧に作り出されても、それが現実生活に役立たないのであれば、意味がない。理論が人生の荒波に耐えられるのは、思考が人生の荒波によって鍛えられたものである限りにおいてである。そして神智学の理論は、電気の理論が電気機器の製造工場の理論でもあるのと同じ意味で、人生のための理論でもある。電気機器の工場を造るには、まず正しい電気の知識を知っていなければならないのと同じように、人生の中で働く人は、まず人生の法則を知っていなければならない。しかし一見したところ、神智学の教えは、社会とは縁遠いように思える。本当は社会に深く結びついているのに、である。この教えは、表面的に見ると、世間からは縁遠いように思えるが、本当に理解できれば、社会の謎を解くための教えなのだ。

　われわれは単なる好奇心から、彼岸の世界についての「興味ある」解釈を知るために、「神智学のサークル」に参加するのではない。「存在の永遠の法則」の下に、自分の思考、感情、意志を育てて、人生の中に出ていき、明るい眼差しでこの人生を理解しようとするのだ。神智学の教えは、生きいきとした思考と判断と感情を獲得するための道なのである。

　神智学運動は、このことを完全に洞察できたとき初めて、正しい軌道を進んでいける。正しい行為は正しい思考から生じる。社会の領域で何か善なることを生じさせることができるかどうかは、人間の能力次第なのである。神智学は社会的な仕事をする能力を高める。この点で、神智学からどんな思想を受けとるのかが問題であるだけでなく、神智学を通してどんな思想をつくるのかも大切なのである。

　たしかに今のところ、神智学サークルの内部では、まだあまり成果が認められずにいる。だから、神智学から離れている人たちが上の主張に対して半信半疑である理由も分からなくはない。しかし神智学運動はこんにち、まだ活動の発端に立っている。神智学の更なる進歩は、人生のあらゆる実際生活の分野にまで入っていくことの中に見出せるであろう。そうなったら、例えば「社会問題」のために研究室の机上で進められる理論研究では不可能な洞察が可能になるだろう。そして、同じ時代を共に生きる人たちの幸せのために働こうとする意志を育てることができるようになるであろう。

　まさにコルプ氏の場合を見ると、神智学を学んでも役に立たないことが分かる、という人がいるであろう。たしかに何か職業に就こうとする人には、そのための理論を机上で学ぶだけでなく、理論と並んで実践も学ぶこと、理論と人生を関連づけることも大切である。コルプ氏は、労働者になることで、自分がこれまで身につけていたのとは異なる考え方、感じ方をもつに到った。これまでに学んだことだけでは不十分だったこと、自分の理解には深いところで、欠けるものがあったことに気づかされたのだ。

もしも自分が準備不足で、堅牢な橋を架ける能力がないと分かったら、まだその能力が身につくのは先のことだと思わざるをえない。人生の根本原則について十分認識ができていないときには、まず社会状況をよく実感することから始めなければならない。その実感さえあれば、働かない人を見て、「なぜルンペンは働かないのか」、などという言い方をしなくなる。社会状況そのものから、そういう人が働かない理由を見てとることができる。

しかし、それだけで、どのような社会状況が人びとの繁栄のために必要なのかを学べたと言えるだろうか。疑いもなく、人間の運命を改善するための計画を立案する善意の人なら、当然、どんな人も参事官コルプがアメリカへ行く前のような判断をするはずはない。善意の人なら、「働けるのになぜ働かないのか」、というような固定観念で社会問題を片づけたりするはずはない。しかし、だからといって、そういう善意の人の社会改革計画がすべて有効なものだとも言えない。そもそもそういう計画は、互いに矛盾し合っている。したがって参事官コルプの帰国後の改革計画もまた、特別に有効なものでありうるとは言えない。われわれの時代の誤りは、人生の真の根本法則について心を配ったことがなくても、そして人生の真の力を知る訓練ができていなくても、誰でも人生が理解できる、と思い込んでいることなのである。

その意味で、神智学は人生を根本から理解するための訓練になってくれる。神智学は人生の根底にまで眼を向けるのだから。状況が働く気力を失わせていることに気がつくだけでは、まだ何の助けにもならない。好ましい状況をつくり出すことのできる力を見つけ出さなければならない。そして私たちの国民経済学者たちは、掛算の九九を知らなければ、計算することができないのと同じ理由で、好ましい状況をつくり出す力を見出すことができないでいる。計算できない人の前に、いろいろな数式を出して見せても、何にもならない。社会生活の根本的な力を理解することのできない人をいくら現実の前に立たせても、その人が自分の見たものをいくら詳しく記述できたとしても、社会の力が人間の幸、不幸とどのような関わり方をしているのかについて、何も決定的なことを語ることなどできるわけはない。

われわれの時代においては、人生の本当の源泉に達しうる人生観がなければならない。そして神智学だけがそのような人生観でありうるのだ。

「社会が必要としていること」について、何か手がかりを得ようとするのなら、まず神智学の人生観を知らねばならない。神智学を学んでも、「語る」だけで「行動しよう」とはしない、という非難は、あてはまらない。神智学はまだ十分に検証されていない。だからコルプ氏の国民経済学のような灰色の理論と変わりはない、という非難も同様である。第一の非難が有効でないのは、行動への道が閉ざされている限りは行動できないのが当然だからである。ある教育者が、子どもを教育する上で父親が何をしたらいいか、よく分かっていても、父親がその人を子どもの教育者に選ばなかったら、何も「行動」できないのと同様である。

　この点で、神智学を学ぶ人の「語ること」が、権限をもっている人に洞察を与えることができるようになるまで、忍耐強く待つことができなければならない。いつかは分かってくれる人が現れるに違いない。

　もうひとつの非難も同じように有効ではない。そもそも神智学の根本真理を知らない人だけが、そういう非難の声をあげるのだ、神智学を学んだ人なら、神智学が検証できるような仕方で生じたのではないことを知っている。人間の幸せの法則は、人間の魂の根底に存している。ちょうど掛算の九九が人間の魂の根底に存しているように。大切なのは、人間の魂のこの根底にまで、その十分に深いところにまで、降りていくことである。

　たしかにわれわれは、四個の豆を二つに分けることで、二×二が四であることを、はっきりさせることができる。しかし、二×二が四である、という真理をまず豆を使って検証しなければならないなどと、誰も主張しない。神智学の真理を疑う人に対しても同じことが言える。二

×二が四であることの意味を疑う人に似ている。この二つを区別できるとすれば、前者の真理は複雑で、後者の真理は単純だ、という区別でしかない。

もちろん神智学の中に自分で入っていかない限り、こんなことをいくら言ってもむなしい。知らない人にいくら言っても、何の証明にもならない。だからこう言うしかない。――まず神智学のことを知ってくれ。そうすれば、みんな分かってくれるだろう。

現代における神智学の重要な使命は、人生の中のパン種になることである。神智学の道が人生の中に深く通じていない間は、神智学はまだ初歩の段階に留まっている。その限りは、生活から遊離している、という非難を聞かなければならない。郵便馬車だけが「生活に役立っている」と思う人にとって、鉄道は生活の敵なのである。未来が過去の敵である、という意味で、鉄道も神智学も人生の敵になる。

2

以下において「神智学と社会問題」の関係におけるいくつか特に重要だと思われる事柄を取り上げようと思う。

「社会問題」に関しては二つの観点が相対している。ひとつの観点は、社会生活における善いことと悪いことの原因を人間の中に見ようとする。もうひとつの観点は、人間の生活状況の中に見ようとする。

第一の観点の代表者は、人間の精神上、物質上の有能さと道徳感情とを高めることで、進歩を促そうとする。第二の観点に立つ者は、特に生活状況を改善しようと努める。この立場に立つ人は、生活が改善されたときに、有能さと道徳感情とがおのずと促進される、と考える。

この第二の観点がこんにちの通念になっている。もし第一の観点を主張しようとすると、多くのグループの中でまったくうしろ向きの考え方をしている、と思われ、そしてこう言われてしまう。――朝早くから夜おそくまで生活苦と闘っている人は、自分の精神的、道徳的な能力を開発する余裕など、あるはずがない。そういう人に精神上の問題について語るのなら、その前にその人のパンのために何かしてあげるべきだ。

こういう言い方は、神智学のような運動に対しては、容易に非難の口調になってしまう。神智学に対するそのような非難は、われわれの時代においては特別悪いことではない。そう非難する人は言うであろう――「ごりごりの神智学者は神霊界やアストラル界から地上の世界へ降りてくるのがいやなのだ。地代とは何かについて学ぶ前に、サンスクリット語の単語を一〇箇憶えようとする」。

最近出版された、興味深い本『近代神秘学の甦りとヨーロッパの文化事情』（G・L・ダンマール著、一九〇五年）の中に、そのような内容が読みとれる。――だから次のような非難が現れるのも当然である。われわれの時代には、しばしば、八人家族がひとつの部屋の中で暮らしている。親は子どもたちを学校に通わせなければならないとは露《つゆ》ほども考えていない。弱さと飢えがこの家族をだめにしている。大衆の進歩を考えるのだったら、何をおいてもこういう生活に力を貸すべきではないのか？　高次の霊界について考える代わりに、社会の貧困をどうしたら解消できるかを考えるべきではないのか？――「神智学よ、みずからの氷のような孤独から出て、人びとのもとへ、民衆のもとへ降りていこう。真剣に、誠実に一般の友愛のための倫理的要請をマニフェストの冒頭に置こう。そして結果にとらわれることなく、その要請に応えよう。隣人愛というキリストの言葉を社会行為にしよう。そうすれば、神智学は貴重な、失われることのない人類の財産になるのだろう」。

　上述の本はそのように述べている。神智学に対してこのような非難をする人は、善意の人である。こういう非難は神智学を学んでいる多くの人に対して正しい意見であるとさえ言える。疑いもなく、神智学を学んでいる人の中には、自分自身の霊的要求だけに心を向け、「高次の生活」、死後の魂の運命などをもっぱら知ろうとしている人たちがいる。こんにちの時代においては、世間知らずな孤独の中で、魂の中にまどろんでいるなんらかの高次の能力を育てることよりも、みんなの役に立つ仕事の中で、隣人愛と福祉を実現しようと努めることのほうがもっと大切だという声は、間違っているとはいえない。

自分の霊的向上だけに心を向けている人は、人間として、高貴な形をとったエゴイストであり、人間としての徳よりも、自分自身の魂の幸せを大切にしている、と言われても仕方がないかもしれない。めぐまれた人だけが神智学の教える修行に関心をもつことができる、という意見はしばしば耳にする。暇な時間があるから、こういう事柄に夢中になれるのだ、というのである。もちろん、朝から晩まで僅かな収入を得るために働かなければならない人に、一般的な人類同胞に話しかけるやり方で、「高次の生活」というような問題で飢えさせようなどと思っていいはずはない。

たしかに今述べた意味で神智学を志す人たちも、いろいろ罪を犯している。けれども正しく受けとめられた神智学の生活は、一人ひとりの人間を献身的な仕事、公共の役に立つ仕事に導こうとする。どんな場合にも、神智学は、神智学以外のなんらかの学習分野と同じように、善き人であることを妨げようなどとはしていない。

しかしこういう事柄はすべて、「社会問題」に関しては、主要な問題ではない。主要な問題に向き合うためには、神智学の批判者たちが必要としているよりもはるかに多くのことが必要になる。この批判者たちの場合、社会生活の改善のために必要な手段で、多くのことを達成しようとしている。ある党派はこれを、他の党派はあれを求めている。

こういう党派の要求は、人生そのものを深く考えようとするとき、その多くは妄想としか思えない。とはいえ、その要求の中には、問題の核心も含まれている。

一七七一年に生まれ、一八五八年に没したロバート・オーエンは、もっとも高貴な社会改革者のひとりだった。彼は繰り返して、こう主張した。――人間は子どものときの環境によって規定されている。人間の性格は自分自身によって形成されるのではなく、生まれ育った生活環境によって形成されるのだ、と。こういう言葉のもつ眩しいほどの正しさに反対するつもりはない。いずれにしても自明の理なのだから、下品に肩をすくめてみせるだけで済ませるような問題ではない。むしろすぐに承認しなければならないのは、公けの生活をこのような認識に従わせることができるなら、多くのことがもっとうまくいくであろう、ということである。こういう認識の意味で抑圧され、悲惨な状況におかれている階級のために、よりよい境遇を用意したいと願う人たちの仕事に神智学も参加することを、何人といえども妨げることはできない。

神智学は社会の底辺にまで行かなければならない。進歩は、党派的な手段では、決して達成させられない。このことが承認できない人は、人びとの生きている生活環境が何に由来するものなのか、まったく分かっていない。人間の生活が依存しているこの環境そのものは、人間によって生み出された。そうでないとしたら、ある人が貧困で、別の人が裕福であるような社会の仕組みを誰が用意したというのか。

きっと自分とは違う他の人たちだ、と言うであろう。この「他の人たち」は、現在の状況の中でいい暮らしをしたり、しなかったりしている人たちよりもはるか以前に生きていた。しかしこういう考え方は、こんにちの事情を何も変えてはくれない。自然そのものによる災害が、社会にとって間接的にしか問題にならないように、である。自然災害は、人間の行為によって、減少させたり、克服したりするしかない。自然災害に必要な措置をとれないとしたら、人間の制度に欠けたところがある。

しかし、社会制度に由来する一切の悪は、人間の行為なしには生じなかった。この点では個人ではなく、人類全体が責任を負っている。しかし個々の人間はともあれ、人類全体は、「人類の幸せのための仕事」に関わって来た。このことが確かであるなら、人類のどんな部分も、本来、どんな階級も、どんな階層も、他の人たちの不幸を悪意をもってわざと生じさせようなどとはしてこなかったはずである。一見そのように見えたとしても、この点で主張されている事柄はすべて、洞察力の不足によるのである。

このことは本来自明のことなのに、あらためてはっきりと確認しておかなければならない。なぜなら、こういう事柄は理性で見通すことは容易であるにもかかわらず、実際生活の中では曖昧にされているのだから。

搾取する者にとっても、その搾取の犠牲者たちが苦しまずにいられたら、もちろんそれが一番好ましいことだろう。われわれがそのことを当然のことと思うだけでなく、自分の感情をもその方向へもっていくことが大切なのだ。

しかしこう述べることで、何を言うつもりなのか。きっと多くの「社会思想家」は、非難するだろう。被搾取者が搾取する者に善意で向き合えと言いたいのか。前者が後者を憎み、その憎しみから政治的な立場をはっきりさせるほうが当然ではないのか。抑圧されている人が抑圧する人に人間愛で向き合えと言うのは、例えば、仏陀の言葉「憎しみは憎しみによっては克服されない。愛によるのでなければ克服されない」の意味でそう言うとすれば、そういう言い方はひどすぎはしないか、そう人は非難するだろう。

それにもかかわらず、この点と結びつく認識こそが、その認識だけが、現代において真の「社会的な思考」に導いてくれる。そしてここからでなければ、神智学は、態度をはっきりさせることができない。

神智学の態度は、表面的な理解に留まるわけにはいかないのだ。事柄の本質に深く入っていかなければならない。だからあれこれの状況によって不幸が生じることを明示することに留まるのではなく、何によってこの状態がつくり出されたのか、そして今なおつくり出されているのかを認識するところまで行かなければならない。そうでなければ稔りのある認識には到らない。そして、このより深刻な問いに較べると、たいていの社会理論は、単なる決まり文句でないとしても、「灰色の理論」の域を出ない。

　思考が表面に留まっている限り、そもそもどんな社会状況に対しても、それをまったく見当はずれの権力のせいにしてしまう。しかしこの状況は、内なる生活の表出なのだ。人体が魂の表出であるのを知っている人だけが人体を理解できるように、外的な社会制度が人間の魂の被造物にほかならず、その中には人間の魂の感情、意志、思考内容が受肉していることをはっきりと悟っている人だけが、この外的な諸制度を正当に評価できるのである。

　われわれがその中で生活している状況は、人間によってつくり出された。われわれは造物主が宇宙を創造したときと同じ思い、同じ心構え、同じ感情から出発するのでなければ、決して人間だけでは、よりよい状況をつくり出すことはできない。

　こういう事柄は、日常の一つひとつの事情を検討していかなければ、表象することができない。外から見ると、ぜいたくな暮らしをし、鉄道では一等車しか使わないような人は、すぐに圧制者だと思われてしまう。そして、使い古したジャケットを着て三等車に乗る人は、被抑圧者だと思われてしまう。しかし、透徹した思考力をもって以下のことを理解するためには、非情な個性である必要もないし、反動である必要もない。すなわち、私があれこれのジャケットを身にまとうことで誰かが抑圧され、搾取されるのではない。私が私のためにジャケットを作ってくれる労働者に僅かな報酬しか払わないことによって、その労働者が抑圧され、搾取されるのである。

仕立ての悪いジャケットを安い値段で手に入れた労働者は、高級なジャケットを作らせた金持ちとこの点ではまったく同じ事情にある。私が貧しかろうが、金持ちであろうが、十分に支払われていない商品を手に入れる限り、私は搾取している。

そもそもこんにちでは、誰も相手のことだけを搾取者であるとは呼べない。一度自分のことを考えてみればいい。そうすればすぐに、自分も搾取していることに気づかされるのだから。あなたが金持ちのために提供しなければならない労働は、この金持ちだけに、少ない給料で提供しているのだろうか。そうではない。あなたの隣にいて、あなたと一緒に搾取に悩まされている人は、あなた方二人が敵とみなしている金持ちとまったく同じ条件で、あなたの手仕事を搾取している。

このことを一度よく考えてみる必要がある。そうすればいつもとは違う「社会思想」が見えてくるだろう。特に「金持ち」と「搾取者」という二つの概念を、完全に分けて考えるようになるだろう。こんにち、金持ちか貧困者かは、個人の能力や家族の能力やまたそれとは全然別の事柄に左右されている。しかし、他の人びとの労働力の搾取者であるということは、こういう事柄とはまったく関係がない。少なくとも直接的には関係がない。関係があるのは、別のことなのである。すなわち、私たちの社会体制または私たちを取り巻く社会状況が個人の利己心、私利私欲の上に打ち立てられている、という事情なのである。

　われわれはこのことを徹底して考えなければならない。そうでないと、問題をまったく取り違えてしまう。私が今日ジャケットを購入するとき、ごく自然に、できるだけ安く手に入れようとする。言い換えると、そのときの私は、自分のことしか考えていない。しかも、そのときの私は、自分の一生を支配している観点に立ってそうしているのだ。

　そう言うと、すぐに反論が返ってくる。社会的に思考している党派も個人も、この悪を排除して、「労働」を守ろうと努めているではないか。労働階級もその代表者も、賃金の向上、労働時間の短縮のために努めているのではないか、と。

　現代の立場から、こういう要求や基準に対していささかも反対しようとは思わない。このことはすでに述べた。もちろん同様に、現存する党の要求にいささかなりとも口をさしはさむつもりはない。今問題にしている観点からすれば、個々の場合にどんな党派に与するつもりもない。どんな党派も、神智学の考察方式の外にあるのだから。

　人は労働階級を守るために、なお多くのことを改善しなければならない。そうすれば多くの人びとの生活を向上させることができる。しかし、搾取の本質はそれによっては変えられない。なぜなら、搾取の本質は、ある人が自分の利益のために他の人の労働の産物を手に入れる、ということなのだから。

多かろうが少なかろうが、私が自分の個人的な要求を満足させるために、人の労働の所産を自分のものにするとすれば、それによってその人は搾取されてしまう。私がこの観点を守って、他の人の労働を守るときでさえ、ただ見せかけの上で何かをしてみせたにすぎない。私が他の人の労働により多く支払うなら、他の人は――ある人の地位の向上が他の人の地位の低下をまねくべきでないのなら――、その代わり私の労働に対してもより多く支払わなければならなくなる。

次の例は事柄の本質をもっと見えやすくしてくれるだろう。私ができるだけ多くの収入を得るために、ある工場を手に入れたとしよう。そこでは労働力が可能な限り低賃金で支払われる。その入手の経過は、すべてが個人の利益の観点の下になされる。

これに反して、私が二〇〇人の労働者を可能な限り好条件で働けるように工場を購入したとしよう。そのときの私の購入基準は、別の色合いをもつことになるかもしれない。けれども実際上は、こんにち、第二の場合も第一の場合とそれほど多くの違いがあるわけではない。なぜなら、一人ひとりの無私なる人物の行為は、基本的に利益の上に打ち立てられている社会の中では、あまり多くのことはできないのだから。

しかし、もしも自分のためではない労働が一般的になったとしたら、事情はまったく違ったものになるであろう。

「実際的」に思考する人は、もちろん言うであろう。――単なる「善意」だけでは、自分の下で働く労働者たちの賃金の値上げに手をかす可能性はつくり出せない、と。なぜなら、単なる善意だけでは、生産された商品の収益を高めることはできないのだから。

だから大切なのは、このような反対意見が完全な間違いである、と洞察することなのである。われわれが何かを手に入れるとき、自分のことを考えるのではなく、他の人たちのことを考えるなら、すべての利害関係、したがってすべての生活状況が変わる。自分個人の幸せだけのために働く人は、何に注意を向けているのだろうか。できるだけ多くを得ようとすることにであろう。自分の欲求を満足させるために、他の人たちがどのように働かなければならないのか、その人はまったく顧慮することができない。したがって、自分の力を「生存競争」のために発揮することしかできない。

できるだけ多くの収入が得られるように、私がある企業を立ち上げたとしよう。そのときの私は、自分のために働いてくれる労働力がどのような仕方で使用されているのかを考えようとはしていない。しかし、そういう問題意識をもつのではなく、どうしたら私の労働が他の人たちのために役立てられるか、という観点だけを問題にするなら、すべてが変わる。そうしたら、他の人の不利益になるようなことを企てようなどと思う必要はなくなる。私は自分の力を自分のためにではなく、他の人たちのために使うのだから。そしてこのことの結果、人びとの能力は、まったく違った仕方で発揮される。このことの結果、生活状況がどのように実際に変化するかについては、最後に述べる。

3

ロバート・オーエンはある意味で、実際的な社会活動の天才だと言うことができる。そう言うことのできる二つの特性を彼はもっていた。社会に役立つ諸施設のための深い洞察と高貴な人間愛とである。彼が行なったことの意味を正しく評価するためには、彼がこの二つの能力によって何を達成したのかを考察すればよい。彼はスコットランドのニュー・ラナークで模範的な工場を経営した。そして、そこで働く労働者たちが物質生活の上で人間にふさわしい生活ができるようにしただけでなく、道徳的に満足できる状況の中で生きられるように配慮した。その工場に集められた人たちの中には、落ちぶれて、酒びたりになっていた人たちもいた。

オーエンはこういう人たちの中により良い人材をまじえ、この人たちの姿を通して、別の人たちによい影響が与えられるように配慮した。そのことは考うる最上の結果を示した。オーエンの配慮の結果は、他の多かれ少なかれ空想的な「世界改良主義者たち」、いわゆるユートピアニストたちと彼を同列に置くことをできなくさせている。つまり、オーエンは実際に実行できる諸施設の枠内に留まり続けていた。どんなに空想的な傾向のあった人でも、その諸施設を受け容れることができた。その諸施設は一定の枠内で、人間の貧困を社会から取り去ろうとするものだったのだから。その諸施設は、決して非実際的には考えられてはいなかった。まず小さな地域が手本として作用し、そこから次第に人類社会の健全な発展が促されるように考えられていた。

オーエンは、そういう考え方をしていたから、まず用意された軌道上をさらに前進していこうとした。一八二四年、北アメリカのインディアナ地方で一種の小さな模範国家をつくろうとした。自由と平等の上に打ち立てられた人間共同社会を設立するために、土地も手に入れた。どの施設も搾取と隷属が不可能であるようにした。こういう使命を共有する者は、考えうる最上の社会的態度を共有すべきだった。すなわち、共にいる仲間たちを幸せにしたいという願いを。そして、人間の本性の中の善意を信じる態度を。働く喜びがふさわしい施設によって守られていると思えたら、この人間本性の内部に、おのずから働く喜びが湧いてくるであろう、とオーエンは願っていた。

この信仰はオーエンの中で非常に強く存在していた。だから、その確信が不安定なものになってしまったときは、きっとひどい経験の繰り返しだったに違いない。

実際、そういうひどい諸経験が彼をおそった。オーエンは長い間高貴な努力を重ねたあげく、こう思わざるをえなかった――「もしもわれわれがあらかじめ、人生に対する考え方を変化させておかなかったら、こういうコロニーを実現させようと思っても、失敗せざるをえないだろう。きっと今は、実践の途上よりも理論の途上で人びとに影響を与えることのほうが、より価値があるのだろう」。

この社会改革者は事実を通して、こう思い知らされたのだ。労働を共に働く者たちの肩に転嫁しようとするなまけ者がいくらでもいた。その結果、争いが起こり、最後はコロニーの破産に到った。

オーエンの経験は、現実から学ぼうとするすべての人にとってよい教訓になる。彼の経験は、人工的につくられ、人工的に考え出されたすべての施設に安住することを戒めて、真の現実をふまえた、稔りある社会労働へ導いてくれる。

オーエンは、この経験を通して、すべての人間の不幸は人びとの生活している「悪しき制度」によってのみ生じる、そして人間本性の善なるものはそういう制度が改善されたとき、おのずと現れてくる、という信仰から根本的に解放された。どんなよい施設も、そこで働いている人たちが内なる本性に従ってその施設を維持し、その施設に熱い心で関与するのでなければ、そもそも存続することなどできない。彼はそう思わざるをえなくなった。

普通、人びとはこう考える。そういう施設をつくろうとするとき、自分たちはまず、理論的に、そのための準備をする必要がある、と。例えば、どんな目的で、どんな意図をもって施設をつくるのかをはっきりさせなければならない。オーエンの思想からそういう意図を読み取るのは、公正な眼をもつ人なら難しいことではない。

それにもかかわらず、もっと深く事柄の中へ入っていくのでなければ、実際に役立つ成果に達することなどできない。オーエンが錯覚してしまった人間本性の善意をただ信じることから真の人間認識へ進んでいかなければならない。

人類の幸せのために役立つ施設をつくりたいという、はっきりした意図は、時が経つにつれて忘れられ、本来の目標が見失われてしまう。なぜなら、人間はそういう意図の下に労働への内なる衝動を保ち続けることなどできないのだから。人間の心の中には、その一方で、利己主義に根ざした衝動が力を発揮するようにならざるをえないのだ。

利己主義は人間本性の一部をなしている。そして人間が社会の中で他の人たちと一緒に生活し、労働するとき、この利己主義は、人間の感情の中で、必然的に、こういう社会施設こそ、個人の願いをもっともよくかなえてくれる、と思い込むように仕向ける。だから利己主義的な感情の影響の下に、おのずと「社会問題」が次のような形で受けとられるようになる。——各人がそれぞれ自分の労働の成果を享受できるようにするためには、どんな社会制度が適切なものなのか。

特に唯物的に思考する現代という時代においては、必要な前提が他にもあるなどとは思っていない。善意と共感の上に打ち立てられた社会秩序などナンセンスだ、とまるで自明の理であるかのように語るのを、われわれは何としばしば聞かされてきたことだろう。むしろ人間社会全体は、個人が自分の労働の最大限の収益を、「完全な」収益を手に入れることができるときに、もっとも繁栄できる、と思っている。

人間と世界のより深い認識の上に立つ神秘学は、それと正反対のことを教える。すべての人間の不幸は、もっぱら利己主義の結果なのだ、社会はなんらかの仕方で利己主義を土台にしていたら、いつか不幸、貧困、窮乏におそわれることになる、と教える。このことを洞察するには、もちろん「社会科学」の旗の下に航海を続ける人びとよりも、もっと深い認識をもたねばならない。こんにちの「社会科学」は、人生の外側にしか眼がいかず、人生の深いところに存在する力を考慮に入れようとはしない。

現代人の大多数の場合、この深いところに存在する力が大切だ、と感じることだけでも、非常に難しい。そういう人たちは、このような問題を提起されると、そう主張することができるのは、非実用的な空想家だけだ、と思う。しかし今ここでは、深いところに存在する力の上に立てられた社会理論を展開する余裕がない。そのためには、大部の著作が必要になるであろう。しかし今は、ひとつのことだけに眼を向けねばならない。すなわち、人間の共同作業の真の法則に眼を向け、この法則に通じている人にとっての理性的な社会思考を問題にしなければならない。

社会問題の理解には、神秘学にもとづく世界認識がなければならない。この世界認識をふまえて、この雑誌『ルツィフェル＝グノーシス』は作られている。この雑誌には、「社会問題」についての個別論文が発表されているわけではないが、この雑誌の課題は、神智学の立場から社会問題に光を当てることなのである。しかしここでは、ごく簡潔な仕方でしか社会を論じていない。社会の個別問題を詳論する余裕がない。けれどもそのことを感情の力で、自分の問題として受けとってくれる人たちがいることだろう。

*

ここで神智学が提示する「社会の主要法則」を述べておく――「共に働く人たち全体の幸せは、一人ひとりが自分の業績の収益を自分のために要求することが少なければ少ないほど、大きい。言い換えれば、一人ひとりがこの収益の一部を共に働く人たちに分けることが多ければ多いほど、そして自分自身の要求を自分の業績によってではなく、他の人たちの業績によって充たそうとすればするほど、大きい」。

この主要法則は、なんらかの自然法則が自然作用の及ぶ領域に関して妥当するのとまったく同じ必然性と例外のなさで、社会生活に適用することができる。

*

しかし、この法則を一般的な道徳法則にしようとしたり、各人が自分の同胞のために働かなければならないという心構えの問題に置き換えて、これで十分である、と考えてしまってはならない。誰かが自分自身の労働の成果を自分自身のために要求するのではなく、この労働を、できるだけ、あますところなく全体のために役立たせることができるような制度をつくることに成功したとき初めて、この法則は現実の中で生かされるのだ。そのときには、一人ひとりが同胞の労働のおかげで収益を受けとる。大切なのは、同胞のために働くことと、一定の収入を得ることとが、二つのまったく切り離された事柄である、と知ることなのである。

「実際的な人間」だと自惚れている人たちは――神秘学者はそんな幻想を抱こうとは思わない――、こういう「身の毛もよだつような理想主義」に対して、にが笑いで応じるだけだろう。しかし上に述べた法則は、「実際家」、現実主義者が現実に導入してきた法則よりも、ずっと実際に即している。本当に人生を探求する人は、すでに存在しているどんな人間社会も、二つの制度をもっていることを知っている。その一方はこの法則に応じており、もう一方はこの法則に反している。

したがって、人間が欲すると欲しないとにかかわらず、そんなことには関係なしに、この法則はどこでも働いているのだ。一人ひとりの労働が全体のために役立つのでなければ、全体はたちまち崩壊してしまう。しかし、人間の利己主義は昔からこの法則を妨害してきた。利己主義によって、一人ひとりは自分の労働によってできるだけ多くの報酬を得ようとしてきた。しかし、そのような利己主義に由来するものだけが、これまで困窮、貧困、不幸を生じさせてきた。言い換えれば、「実際家」、現実主義者たちが導入する制度は、いつでも現実にふさわしいものではなく、自分の利害か他人の利害を計算に入れているのだ。

しかし今は、この法則を洞察するだけでは済まされない。この法則をどのように現実の中に移せるか、と問わなければならない。明らかに、この法則の意味するところはこうだ。――人間社会の福祉は、利己主義が少なくなればなるほど大きくなる。

したがって、この法則を現実のものにするには、利己主義を乗りこえる道を歩む人と共に働かなければならない。しかし、一人ひとりの幸、不幸の基準を自分の労働によって決めている限り、そんなことは不可能である。自分のために働く人は、いつか利己主義に陥る。他の人たちのために働く人だけが、次第に利己主義的でない労働を身につけていく。

しかしそのためには、ひとつの前提が必要である。ある人が他の人のために働くとき、この他の人の中に自分の働く理由を見出せなければならない。そして誰かが全体のために働くべきであるなら、この全体の価値を、その本性と意味を実感できなければならない。それには、その全体が、多少なりとも身近で大切な人びとの集まりでなければならない。その全体は、一人ひとりが関与することのできる精神を示すものでなければならない。

その全体は、成員の一人ひとりがこう言えるような全体でなければならない――「それが存在しているのは正しいことだ。私はその存在を欲している」、と。

その全体は、内的な使命をもっていなければならない。そしてその使命を成就させるために、一人ひとりが働こうとしているのでなければならない。通常、人びとの語る不確かで抽象的な進歩の理念は、ここで言う「使命」のことではない。不確かな理念が支配しているときも、一人ひとりが、そして集団がそこここで働いているであろう。しかし、その場合には、その人たちの労働が何のためのものなのか、何かのために役立とうとして働いているのか、見通せないでいる。全体精神がどんな細部に到るまでも生きいきとしているのでなければならないのにである。

この全体精神がなんらかの仕方で生きているところにおいてのみ、昔から善き事柄が栄えた。古代ギリシアの都市に住む市民一人ひとりは、そして中世の自由都市に住む市民一人ひとりは、このような全体精神の生きた存在について、少なくとも漠然とした感情をもっていた。

これに対して、例えば、古代ギリシアの諸制度が可能だったのは、「自由な市民」のために労働していた奴隷たちがいたからだ、奴隷にとっては全体精神などどこにも働いておらず、主人さまたちの強制によって駆り立てられていただけだ、と言うのは、反論になっていない。

この例から学べるのは、人間の生活が進歩している、という歴史的事実だけである。現在の人間は、古代ギリシアにおけるような社会問題など考えられない段階に達している。奴隷制は古代ギリシアのもっとも高貴な人物でも、不正なものではなく、必要なものだと思っていた。だから例えば、偉大なプラトンは、国家の理想は、多数の支配される人間たちを少数の優れたものたちが労働しろと強制することで、全体精神の意図を達成することができる、と考えていた。しかし現代の課題は、各人がみずからの内なる衝動から全体のために働くようになることなのである。

だから、どんな時代にも妥当するような社会問題の解決法を探したりする必要はない。ただ自分の生きている今の時代の直接的な必要だけをふまえて、社会的に思考し、活動すればいい。

社会問題それ自体を理論的に分析、研究したり、それを実現しようとしたりすることなど、誰にもできない。そうしようと思ったら、多くの人を自分の思い通りの状況の中に強制的に組み入れるくらいの権力を手に入れなければならないだろう。もしもオーエンが自分のコロニーのすべての人たちに対して労働するよう強制する権力もしくは意志をもっていたなら、事態は進行していたであろう。しかし、まさに現代においては、そのような強制など考えられない。現代では、各人がそれぞれ自分の能力に応じて自主的に働くことができなければならない。だからこそ、上述したオーエンの信条の意味で、どうすれば経済状況をもっとよい形で実現させることができるかをひとつの意見として人びとに伝えることで、つまり「理論的な意味で」、人びとに働きかけることなど、まったくありえないのである。

冷たい経済理論が利己主義的な力に対抗する衝動となって働くことなど、できるはずはない。そういう経済理論が大衆に一見理想主義に似た高揚感を与える、ということはあるかもしれない。しかし、そういう理論が長期にわたって誰かの役に立つことはできない。別の、本当に精神を奮い立たせる働きかけをしないで、一般大衆にそういう理論を吹き込む人は、人間の進化に対して罪を犯しているとさえ言うことができる。

自分みずからを通して、みずから提供できるものを通して思考の中に、感情の中に、意志の中に、すなわち人間の魂全体の中に溶け込むことのできるような、生命的な世界観だけが、有効な力になってくれる。善なる人間本性に対するオーエンの信仰は、一部分は正しいとしても、他の部分においては、もっともひどい幻想なのである。どんな人の中にも、目覚めさせることのできる「高次の自我」がまどろんでいる、というのは正しい。しかし、そういうまどろみから高次の自我を目覚めさせることができるのは、上述した、生命力を伴った世界観だけである。

オーエンによって案出されたような施設の中に人びとを連れていったら、はじめはその共同体が見事に栄えるであろう。しかし、その人びとがそういう世界観を共有していなかったなら、その施設の善なるものは、必然に、遅かれ早かれ、悪しきものへ逆転してしまうだろう。精神を奮い立たせる世界観をもたない限り、物質上の豊かさを促してくれる諸制度であればあるほど、その中で生きる人は誰でも利己主義を強めざるをえない。そしてその結果、次第に困窮、不幸、貧困が生み出される。

言葉のもっとも根源的な意味において、こう語ることができる――「一人ひとりのためになら、その人のパンを得るために役に立とうとすることができよう。しかし全体のためであれば、世界観を持てるようにするのでなければ、人びとを働かせることはできない」。つまり全体のために一人ひとりにパンを得るための労働を求めても、それだけではまったく成果をあげられない。しばらくすると、またふたたび多くの人は、パンを手に入れられなくなってしまうだろう。

このような原則を認識することは、民衆の幸せのために役立とうとする人びとから幻想を奪うことになる。なぜならこの認識は、社会福祉のために働くことを困難にしてしまいかねないから。

しかし、成果を上げるということは、もっぱら小さな部分的な成果の寄せ集めでしかない。

こんにちの諸党派が社会生活上の薬として処方しているものは、人生を深く洞察していなければ、その大半は役に立たない虚言、幻想でしかない。議会も民主主義も大衆宣伝も、上に述べた法則を傷つけるものであったら、何の意味もない。そしてこの法則の意味で存在するのであれば、これらすべては有効に働いてくれる。ある議会で、ある民族選出の代議士が、「社会の主要法則」の意味で働いているのなら、その人たちの活動は人類の幸せに寄与できる。しかし、そうでないのなら、そう信じることは悪しき幻想になってしまう。

なんらかの人間共同体の場で、この法則が取り上げられ、この法則に従って働くときには、善なる目標に到るであろう。たとえ個々の場合、それがどんなに小規模においてであってもである。そして、幸せであるべき社会全体の進歩は、小さな仕方で生じる個々の成果からしか達成されない。

もちろん個々の場合には、大規模な人間共同体が上に述べた方向で働き、より大きな成功を一挙に達成するのに役立ってくれることも起こりうる。そのような方向を用意しようとする人間共同体がすでに今いくつか存在している。そして、その協力を得て、人類は社会の進化のために飛躍を遂げることも可能かもしれない。神智学の中にも、そういう人間共同体への試みがなされている。しかし、そういう意図を公けに語るのは今のわれわれの課題ではない。

そしてまた、現代という多数の大衆が事情を見通すことのできる時代には、そういう飛躍をするための準備手段も公けに存在する。しかし、われわれ一人ひとりにやれるのは、上述の法則の意味で、それぞれが自分の領分で働くことである。今の世の中で、そうできないような立場など存在しない。その立場が一見どんなに重要でないように見えても、またはどんなに影響力があるように見えても、である。

いずれにせよ、われわれにとってもっとも重要なことは、一人ひとりが真の認識を目ざしている世界観への道を求めることである。

神智学の求める方向は、すべての人のためにそういう道を用意することにある。そのためには、一人ひとりが自分の在り方、自分の素質に応じた仕方で歩める道が用意されるのでなければならない。この道を通して、人間は自分が偶然ある場所に、ある時代に生まれたのではなく、霊的な因果律であるカルマによって、必然的に今いる場所に置かれた、ということが分かるようになる。人間は、十分な根拠をもって、運命が自分を今いる人間共同体の中に置いたのだということを悟る。自分の能力についても、それを自分が偶然それを手に入れたのではなく、そこにはカルマによる意味がある、と知らされる。

そして人間は、こういうすべてを知ることが、単なる冷たい理性の問題なのではなく、その洞察が自分の魂全体を内なる生命《いのち》で充たしてくれている、と悟るようになる。

人間は、世界における自分の立場に従い、そして自分の能力に従って働くとき、自分が高次の目的に役立っている、と感じる。影のような理想主義がこの洞察から生じるのではない。自分の力のすべてに由来する強力な衝動が生じる。食べたり飲んだりすることが当然のことであるように、こういう行動が当然のことだと思えてくる。

さらに人間は、自分の属する人間共同体と結びついていることの意味を知るようになる。そして、その人間共同体が他の共同体と関わりをもっている事情を知るようになる。こうして共同体に属する一人ひとりは、人類全体の統一した使命にみずからを関係づけることができるようになる。そして、その人の認識は、人類から地球全体の存在意味にまで拡がっていく。こういう方向へ向かう世界観を自分の問題にすることのできる人は、この世界観が上に述べたような作用力を持っていることに確信がもてるようになる。

もちろん、こんにちの時代のたいていの人は、こういう立場に関わりたいとは思わないであろう。けれども、神智学から学ぶことができる表象の仕方が、ますます広い範囲の人びとを引きつけるようにならないとは限らない。もしそうなれば、人びとは社会的な進歩を可能にするために、まっすぐに生きていくことができるであろう。

こんにちに到るまで、どの世界観も人類の幸せのために役立とうとしてきた。だからこそ、この努力の成果に疑問をもつ理由はない。人類進化の法則によれば、かつてどの時代にも、今の時代ほどに、可能な道が見えてはいなかった。今は、上に述べた社会的な進歩に眼を向ける世界観がすべての人の目の前に提示されているのである。

　これまでの世界観は、すべての人に開示されているわけではなかった。これまで人類の中で栄えた善なる意志は、そういう世界観に由来するものだった。しかしこんにちになると、すべての人の魂をとらえ、すべての人の内なる生命に火をつけることのできるような世界観でなければ、みんなの幸せに役立つことはできない。そして、このことを可能にするのは、神智学による表象方式の通用する場合でなければならない。とはいえ、もちろんこの表象方式がこれまで可能としてきた形態だけに眼を向けているわけにはいかない。上に述べた事柄が正しいと認められるためには、神智学がその高次の文化使命を真剣に実現しようと努めるのでなければならない。

　神智学は、こんにちに到るまで、いくつかの理由から、本来示すべき顔をまだ示すことができずにいる。そうできなかった理由のひとつは、まずしっかりと地盤に足を下ろさなければならなかったからである。今、神智学はさまざまなグループと結びつかなければならない。しかし、そのようなグループは、世界の謎を新たに解きたいという願いをもち、グループのメンバー一人ひとりの基礎認識を通して、そういう解決に理解を示し、その解決への努力に関与できるグループでなければならない。

　もちろん神智学はまずはじめに、今述べたようなグループの中で通用している用語でみずからを語らなければならない。そして事情に応じて、他のグループにも語りかけることができるような表現形式をもつようにならなければならない。出来上がった、固まった教義をもとうとする人は、こんにちの神智学の表現形式だけが持続的な、または唯一可能なものである、と信じようとする。

神智学は理論にとどまるわけにはいかないし、好奇心を満足させるためにあるわけでもない。上に述べた文化使命に向けてゆっくりと働き続けなければならない。その目標に属するのは、人類の進歩に役立つ具体的、実際的な課題である。しかし、神智学は現実の社会的諸条件を用意することができるときにしか、人類の進歩に貢献することはできない。そして、そういう諸条件は、人から人へと伝えられ、欲せられるものでなければならない。人びとが欲するときにのみ、世界は前進する。しかし、人びとが欲するようになるためには、それぞれの人が内なる魂を働かさなければならない。その作業は一歩一歩成し遂げられる。そうでなければ、神智学も社会の分野で妄想をたくましくするだけで、何も実際に役立つ仕事をすることができなくなってしまう。更なる課題は、機会をあらためて取り上げるつもりである。

ゲーテ主義の未来

（『ミカエルと龍の戦い』から第４講・第５講）

ドルナハにて

1917年10月26日、27日

Der Sturz der Geister der Finsternis

善と悪の逆転

（『ミカエルと龍の戦い』第四講　一九一七年一〇月二六日）

これまでお話ししてきたように、一八七九年の秋、特定の闇の霊たちが人間界に突き落とされたことは、非常に意味のある出来事でした。

それまで霊界の中では、何十年にもわたる戦いが生じていました。そのことを私たちは繰り返して意識しなければなりません。一九世紀の四〇年代に始まったこの戦いを通して、霊界における反逆者として、この一九世紀の数十年間に活動した霊的本性たちが一八七九年の秋に打ち負かされ、闇の霊として人間界に突き落とされたのです。

ですから、この霊たちは今、私たち一人ひとりの中でも外でも生きています。そして自分たちの衝動を、私たちの世界把握の中に、思想上の世界観の中だけでなく、私たちの感情、意志、気質の中にまで送り込んでいるのです。

その意味で、現代ならびに近未来の重要な出来事を理解しようとするのなら、私たち人間はこの物質的＝感覚的世界と霊界との関連を認識し、その出来事を自然現象に対するのと同じように、客観的に考察することができなければならないのです。現代人は物質界の諸現象だけを歴史的な過程の中で意味あるものと認めています。これからは、霊学によって認識することのできる霊的な諸事件をも、人間の巻き込まれている諸事件として、理解できるようにならなければなりません。

さて、私たちが今述べた出来事を考察するのなら、あらかじめよく心得ていなければならないことがあります。それは人間がいかに間違いを犯しやすい存在であるかということです。現実を直接考察しないで、概念により、定義づけによって考察するときに、人間は間違いを犯します。何がアーリマンなのか、何がルツィフェルなのか、何があれこれのヒエラルキアのあれこれの霊なのか。それを知るために私たちは、定義された概念から出発すべきだ、と思い込んでいます。そして定義づけがなされますと、現実の行動がすでにそれだけで、ある程度理解できたつもりになっています。

私は何度も、古代ギリシアで知られていた極端な例をあげて、定義づけの不十分さについて申し上げてきました。古代ギリシアのある学校で、人間をこう定義したのです――「人間とは二つの足で歩き、翼をもっていない生きものである」。このことを学んだ生徒は、次のとき、雄鶏の羽根を全部むしりとって持ってきて、こう言ったというのです――「この生きものも二つの足で歩き、そして羽根がありません」。この生徒は、だから自分の学んだ定義によれば、この雄鶏も人間だ、と言ったのです。

実際、こんにち当然のように受け容れられている多くの定義が、このような仕方で作り出されています。多くのいわゆる科学的な定義も例外ではありません。しかし人智学においては、このような定義の仕方から始めるわけにはいきません。概念や抽象化から始めるのは、最悪の認識の仕方です。

たしかに私たちは闇の霊たち、アーリマン的＝ルツィフェル的な本性たちを概念的に定義づけます。しかし、それだけではまだまったく不十分なのです。闇の霊たちとは、一八七九年に、そういう言い方が許されるなら、天から地へ投げ落とされた存在のことです。しかし、闇の霊たちについて一般的な概念を知ったとしても、今問題にしている事柄を理解するのにはあまり役に立ってくれません。なぜなら今、私たちのいるところを徘徊している闇の霊たちは、古代において、霊界から、つまり天から地上に放り出された闇の霊たちと同じ種類の存在なのですから。古代の闇の霊たちも、その当時、ギリシア＝ラテン期に到るまで、地上に特定の課題をもっていたのです。この霊たちはアトランティス期全体を通して、そしてギリシア＝ラテン期に到るまで、その課題をもっていました。

さて、ここで私たちは、これまで獲得してきたさまざまな認識内容から、何千年にも及ぶ闇の霊たちが、全アトランティス期を通して、ギリシア＝ラテン時代に到るまで、どんな課題をもっていたのか、明らかにしようと思います。私たちが常に忘れてはならないのは、世界（宇宙）の秩序は、人類の正常な進化を導いてくれる高次の霊的な存在たちがこういう霊たちを働かせ、こういう霊たちをいわば正しい場所において、その場所で正しいことを行なうようにするときにのみ、正しく保たれる、ということです。何度も申し上げましたが、古代におけるいわゆるルツィフェルの誘惑は、人類の進化にとって大きな意味をもっていました。ルツィフェルの誘惑は、はじめはもちろん、ルツィフェルの努力から生じました。このルツィフェルの努力から――アトランティス期からルツィフェルは、アーリマンと結びついていましたが――、この努力から、いわば善き光の霊たちによる対抗する反対の努力が生じたのです。

　基本的に闇の霊たちは、あの古い時代においては、人間の最善の特質を自分流のやり方で人間に与えようとしました。この霊たちは人間に絶対的な自由を与えようとしたのです。しかし、もちろんその当時の人間は、まだ絶対的な自由にふさわしいほどに成熟してはいませんでした。この霊たちは人間一人ひとりに、個的に自主的であろうとする衝動を附与しようとしました。しかし人間はそうであるにはまだ未熟だったので、まだそうなってはならなかったのです。ですから、反対の力が光の霊たちによって対置されました。この反対の力の結果、人間は霊的な高みから地上に移されました。楽園追放の神話はこのことを象徴的に描いています。

　現実においては、天から地への人間のこの追放は、人間が遺伝的な特質に組み込まれることを意味していました。ルツィフェルとアーリマン的な勢力とは、各人が個的存在として自立することを望んだのですが、もしその望みがかなったら、それによって人間は、未熟な状態で早急に霊化されたことでしょう。そうなってしまってはなりませんでした。人間は地上で教育を受け、地の力によって育成されねばなりませんでした。このことは、人間が遺伝の流れに組み込まれることによって生じました。ですから誰でも、身体的に別の人間から生まれるようになったのです。

人間は、もはや自分自身で自立した存在ではなく、自分の祖先から特定の性質を遺伝された存在になりました。人間はそれによって、ルツィフェルが人間に与えたくなかった地上的な特質を引き受けるようになりました。身体上の遺伝に関わるすべては、光の霊たちによるルツィフェルの流れに対する反対の流れとして人間に附与されたのです。いわば人間に重りがつけられたのです。人間はそれによって地上の存在に結びつけられました。ですから、地上における遺伝、生殖、繁殖、愛と結びついたすべては、ヤハヴェまたはエホヴァに導かれた霊的本性たちによって与えられたのです。

古代の諸宗教のいたるところに、生殖の象徴、遺伝の象徴が見出せます。キリスト教の元になっているユダヤ教の律法においても、他の異教においても、遺伝の法則を規制し秩序づけることに大きな価値が置かれているのです。人びとは種族、民族、人種に従って共同生活をいとなむことを学ばなければならなかったのです。血統、血族が地上の秩序のおおもとになるべきだったのです。

この秩序は、アトランティス時代に用意されました。そしてそれから、第三後アトランティス期に当るエジプト＝カルデア文化期、第四期に当るギリシア＝ラテン文化期におけるすべての共同体の中に繰り返して現れました。まさにこの後アトランティス期の二つの文化期、レムリア時代とアトランティス時代とを繰り返しているこの二つの後アトランティス文化期においては、すべての人間社会の秩序の中で、人種、民族、種族、つまり血と結びついた遺伝的特質が顧慮されていました。

すべての社会秩序、すべての国家秩序の司る古代秘儀の祭司たちが重視したのは、人びとの道徳、傾向、習慣を血縁、民族や種族のつながりに従って育成することでした。秘儀の祭司たちは、この立場から法を定めました。第三、第四後アトランティス文化期の秘儀に由来する文化伝統は、地上の各地域の法を生じさせた秘儀の祭司たちが入念に研究した、人種、民族、種族の諸関連をふまえるのでなければ、決して理解できません。そして法の秩序は、地上のどの民族においても、基本的に血の結びつきの下に作られたのです。

光の霊たちが人間関係を血の結びつきに従って秩序づけていた時代において、人間と共に天から地に追放された闇の霊たちは、血の結びつきに反抗することを何よりも重視しました。上述した時代において血縁に反抗する働きのすべて、遺伝、種族関係、人種関係に反抗する教えのすべて、個人の自由を促し、人間の個人の自由の下に法を定めようとするすべて、そういうすべては、落ちた霊たちに由来するのです。

こういう時代は一五世紀まで続きました。その余韻はもちろん、こんにちまで続いています。なぜなら進化においては、はっきりした区切りがなされているときも、秩序はすぐにはなくなりませんから。しかし、一五世紀までに、単なる自然的な結びつきである血縁、家族、民族などに反抗する教えは、すでにいたるところで芽生えていました。

ですから二つの流れがあるのです。ひとつの流れは、血の結びつきのすべてをいわば守護する光の流れです。もう一方の闇の流れは、血の関係から抜け出ようとするすべて、家族や遺伝の結びつきから自由になろうとするすべてを守護するのです。

もちろん、どんな流れも一挙に消えてしまうことはありません。ですから一四一三年、第四後アトランティス期と第五後アトランティス期の境の年にも、これまでの流れのすべてが一挙に消えたりはしませんでした。この二つの流れは、現代に到るまで作用を及ぼし続けています。

しかも一九世紀以来、皆さんにお話ししたあの重要な諸事件以来、まったく別のことが生じたのです。すなわち、天使のヒエラルキアの存在たちが一八七九年以来、古代の闇の霊たちの後裔として、人間界の中で働くようになったのです。この存在たちは、闇の霊たちと同質であり、同じ種類の存在たちですが、一八七九年の出来事を通して、天から地に突き落とされました。それまでのこの存在たちは天上で使命をもっていましたが、先ほど述べた彼らの同類の闇の霊たちは、すでにレムリア期、アトランティス期以来、人間のもとにいたのです。

　ですから、次のように言うことができます。――私たちは前七四七年、進化における、感覚魂の時代から悟性魂の時代への区切りをもっています。そして一四一三年に悟性魂の時代から意識魂の時代へのひとつの区切りをもっています。そして一八七九年、私たちにとって特別重要なあの区切りをもっているのです〔感覚魂、悟性魂、意識魂については『神秘学概論』ちくま学芸文庫版、七〇頁以下、そして意識の進化過程については、同書二九一頁以下と四一四頁以下を参照〕。

　この時代全体を通して、闇の霊たちは、地上において働いていました。一方、別の闇の霊たちは、この時代、まだ上なる霊界にいました。一八四一年、すでにお話ししたあの大きな戦いが始まります。そして、この霊たちも、下なる霊たちのところに来ます。地上まで降りてきて、今、他の霊たちのところにいるのです。けれども古い反抗者たちの力、闇の霊たちの流れの力、アトランティス期、レムリア期以来の使命をカルデア＝エジプト期、ギリシア＝ラテン期にも保ち続けていた闇の霊たちの流れの力は、今や次第に消えていきます。そして一八七九年以後になると、新たに地上に突き落とされた霊たちの力がその代わりに働き始めます。

　いわば兄弟の闇の霊たちが権力をもつのをやめる一方で、この新たな闇の霊たちが働きを始めます。その結果、一九世紀の最後の三分の一の時期から、すべての状況が完全に逆転するのです。規則正しく働き続ける光の霊たちは、血の結びつき、種族や人種などの結びつきを確かなものとするために、十分に働いてきました。人類の中で血の結びつきによって確立された公正な宇宙秩序のために十分な配慮を行なってきました。

けれども、この新しくなった時代から、光の霊たちは、人間たちに働きかけて、自由の理念、自由の感情、自由の衝動を発達させ、人間をみずからの個性を基礎として、その上に立たせようとしているのです。そして、古い闇の霊たちと同質の新しい霊たちは、今次第に血の結びつきの中で働く使命をもつようになるのです。

古い時代において善であったもの、光のよき霊たちの領域におけるものは、一九世紀の最後の三分の一の時期に、闇の霊たちに引き渡されました。人種、種族、民族に関わる血に基礎をおく古い衝動は、闇の霊たちの支配下におかれるようになりました。そのときから、それまで自由のための反抗者であった闇の霊たちが、秩序を種族関係、血縁関係の基礎の上におくように、人びとに影響し始めるのです。

以上からも分かるように、定義づけではだめなのです。もしも闇の霊たちを古い時代における使命に従って定義づけるなら、まさに現代、一九世紀最後の三分の一の時期以来の新しい時代の使命とは正反対の定義づけになってしまいます。古い時代の闇の霊たちは、人間の遺伝の特徴に反抗して働く使命をもっていました。一九世紀の最後の三分の一の時期から、この霊たちは、種族と血と遺伝の関連に注意を向けるように促しています。

以上の真実をこんにちの人は受け容れようとはしません。聞くだけでも気分が悪くなってしまうような真実なのです。なぜなら、人びとは数千年の間、血の結びつきをからだ中に染み込ませてきたからです。

まさに一九世紀になると、あらためて種族、民族、人種という血の結びつきを強調するようになります。そして、そうすることが理想主義的な態度であるかのように思っています。けれども本当は、人間の、人類の退化現象の始まりなのです。血が光の霊たちの支配下にあった間は、血の支配を基礎に打ち立てられたすべては、進歩を意味していました。しかし、同じことが闇の霊たちの支配下に置かれたときは、すでに退化現象になっていたのです。

遺伝的特徴が進歩的な霊たちの指導の下に置かれていた間、闇の霊たちは自由を求める反抗的な感覚を人びとの中に植えつけることに最大の努力を重ねていました。しかし今、新しい闇の霊たちは、古い遺伝的特徴を保持し、その結果生じる考え方、感じ方を通して、退化の特徴を人類の中に持ち込むことに最大限の努力をしているのです。

まさに一九世紀最後の三十数年間に、基本的な価値判断において、どんな転換が生じたのかを知らなければ、現代という時代の本質は理解できないのです。まだ一四世紀の人間は、人種や国家の理想について、人間の進歩をふまえて語ることができました。しかし、こんにち人種や国家や種族の理想について語る人は、人類を堕落させる衝動について語っているのです。

もしもそういう理想を人びとに提示することができる、と信じる人がいるとしたら、その人は間違っているのです。なぜなら、人種や民族や血の理想が幅を利かせるとき以上に、人類を堕落させる時はないのですから。

真実の理想は、血縁にではなく、霊的な世界に由来するものでなければなりません。これまでの諸世紀に由来し、ルツィフェル的＝アーリマン的な権力により引き続き護られている立場に立つのでなければ、こんにち諸民族の理想などを高言することは、もはやできないのです。

二〇世紀の人類愛を代表すべきキリストなら、こんにちの人びとの高言するような、いわゆる民族の理想など、まったく考慮に入れないでしょう。大天使ミカエルは、以前はヤハヴェの代行でしたが、一八七九年以後のミカエルは、「キリスト衝動」の代行になるのです〔キリスト衝動については『神秘学概論』四一九頁以下参照〕。キリスト衝動の代行としてのミカエルは、単なる生まれつきの血縁の代わりに、霊的な縁を人びとの間に生じさせるのです。

なぜなら、霊的な共属性を通してでなければ、私たちは時代の必然的な下降を共にすることはできないからです。今私は、下降はまったく必然的なことだ、と言いました。なぜなら、ちょうど人間が年をとると子どものままではいられなくなり、からだが下降方向へ向っていくように、現在の人類全体が下降方向へ向っているからです。

第四期を通過して、今私たちは第五期を生きています。第六期と第七期は、第五期と共に、現在の世界進化の老年であるといえるでしょう。古い理想がいつまでも生き続けることができると信じることは、アルファベットを習うのは子どもにとって大事なことだから、一生の間ずっとアルファベットを習うべきだ、と信じるのと同じ程度に、分別あることだと言えます。同じように、地上のいたるところに血の結びつきを基礎にした諸民族の社会構造をひろめるべきだと、未来において言い続けるのも、同じ程度に分別あることでしょう。これがウィルソン主義なのですが、同時に闇の霊であるアーリマン主義でもあるのです。

こういう真実を認めるのは、きっと不愉快なことでしょう。世界中にいま普及している考え方に賛成することのほうがずっと楽なことです。けれども現実の歩みは、普及している考え方に従って進んでいくのではありません。現実の歩みは真実の衝動に従って進んでいくのです。そして真実の立場に立つなら、第五、第六、第七期にはもはや通用しなくなるような事柄に、承認の印を押すことなどできるはずがありません。たとえ人びとを誘導するこんにちの安易なやり方がウィルソンの世界綱領の中に注ぎ込まれているとしてもです。

それでも多くの人は、すべての血縁から離れた、一般人間的な真実を、受け容れようとしていません。一般人間的な真実は、地上の世界に由来するものではなく、霊的な世界から取り出してきた真実だからです。こんにちは、ひとつの世界全体が、人間の本当の進歩に反抗して、おそろしいくらいの反動ぶりを示しています。しかも「諸民族の解放」という決まり文句を使って、進化の流れに逆行しようとしているのです。

安易な流れに逆らって、進化の流れに従って進んでいくのが、これまでも秘儀の真実を求める者の運命でした。本来の一切の血の偏見から離れて、地球全土に広まっている常套句は、霊学が述べる一八七九年十一月の出来事が表面に現れた、ひとつの現象にすぎません。

現代の諸事件は、すべての国の秘儀参入者たちによって予見されていました。その人たちは予見したものについて語り、そして反動的な考え方、感じ方が理想的であると広く信じられていること、人間の血縁からもっとも反動的な立場が生じていること、を示唆してきました。

大きいことにも、小さいことにも、こういう事柄が見てとれなければなりません。こんにち流布している通念、常識に惑わされてはなりません。そのために、少しでも時代の徴候を理解しようと、日頃心がけていなければなりません。

たしかに安易な道を択んで、血の偏見の中にどっぷりつかっていることもできます。でもそうしたら、下り道を降りることになります。そういう道はどこにでもあります。しかし、そういう誘惑に対しては、正しい仕方で目覚め、どこに上り坂があるのかを見極めることができなければなりません。なぜなら、下り道を降りていくのは簡単なことなのですから。

生きるとき、どこで上り、どこで下りるのかを感じとって下さい。しかし、下降する生き方を避けよう、などという馬鹿げた先入見に陥ってはなりません。私はルツィフェルとは関わりたくない、アーリマンとも関わりたくない——こういう馬鹿げた先入見に対して、私は何度も講義の中で警告してきました。なぜなら、こういう霊的本性たちが宇宙（世界）秩序の中で働いてくれていることを知っていなければならないのですから。

ルツィフェル、アーリマンのことを無視すると、これらの霊たちは、私たちの意識の外で、ますます力を発揮することになります。私たちが上昇する生き方、下降する生き方に対して、大きな観点で臨むとき初めて、人類の問題を正しい仕方で考えることができるのです。ただその場合、共感と反感からは自由になっていなければなりません。

近代の自然科学の分野にも二つの流れが生じました。そのひとつを私はゲーテ主義と呼び、もうひとつをダーウィン主義と呼びました。私の著述を始めから辿ってみて下されば、私がダーウィン主義の深い意味を誤解していなかったことを知って下さるでしょう。表面しか見ない人たちは、私がダーウィンの味方になって論じたとき、私が唯物論者になった、と言い立てました。

しかしそういうもの言いは、確信から出たものではありません。まったく別の理由から出たものなのです。ですから、そう言い立てた人たちは、それが真実ではないことをよく承知して、そう言っていたのです。私の著作をはじめから読んで下されば、私がダーウィン主義に対して、いつでも公正な立場をとってきたこと、だからこそ、ダーウィン主義に対して、生命の進化についてのゲーテの立場、ゲーテ主義を引き合いに出してきたことを、知って下さるでしょう。

「進化論」は、一方ではダーウィン主義の意味で言われていますし、他方ではゲーテ主義の意味でも言われています。私はいつでも進化論におけるこの二つの立場を結びつけようと試みました。なぜでしょうか。なぜならゲーテ主義においては、上昇する方向が取り上げられているからです。すなわち、単なる物質的、物理学的な存在から有機的な進化を読みとろうとする立場です。

何度となく、私はゲーテとシラーの間で交わされた対話のことに触れました。その対話の中で、ゲーテが自分の考えた「原植物」について述べたとき、シラーがこう応じたのです。――「それは経験ではありません。それは理念です」、と。そこでゲーテはこう言いました。「もしそうなら、私は自分の理念を眼で見たのです！」ゲーテはいたるところに霊的なものを実際に見たのです。

ですから、ゲーテの進化論の中には、至高の諸領域、魂と霊のための諸領域にまで高められる萌芽が含まれているのです。ゲーテは、メタモルフォーゼ論の中で、有機的な進化のための出発点を明らかにしたのですが、私たちは、人類が第五後アトランティス期から辿らねばならない霊の進化の道を明らかにしなければなりません。なぜなら人間は、私がこの考察の中で述べてきたように、さらに内面化していくのですから。

ゲーテ主義は大きな未来をもっています。人智学のすべても、ゲーテ主義の方向線上にあるのです。

ダーウィン主義は物質上の進化を物質の側から考察します。すなわち、外的な衝動、生存競争、自然淘汰などを、死滅に向かう進化を考察するのです。言い換えれば、以前の時代から幅を利かせてきた外的な衝動だけを信じて、有機的生命を考察するのです。

ダーウィンを理解しようとするのなら、以前に発見された法則を集めて、それらを関連づけなければなりません。ゲーテを理解しようとするのなら、生命活動において新しい、そのつど新しい合法則性を見つけ出さなければなりません。両方とも必要です。間違いが生じるのは、ダーウィン主義かゲーテ主義かのいずれかだけに頼るときなのです。その両方を共に生かすときではないのです。大切なのは、このことを理解することです。

人間は、年をとればとるほど、もしも魂を正しく進化させるなら、ますます若くなっていきます。しかしこのことは、人間が自分の中に霊的な衝動を受容するときにのみ、未来において可能になるのです。霊的な衝動を受容するなら、髪が白くなり、しわがふえ、そしていろんな疾患に悩まされるとしても、その人は、ますます若くなっていくでしょう。なぜなら、死んだあとまでも担い続けていく衝動を、魂の中に受けとっているのですから。

しかし、私たちがからだだけを問題にするときには、若くなることができません。その場合には、魂の中でも、からだの働きだけを体験しているのですから。もちろん髪が白くならないようにすることはできません。しかし白くなった頭でも、霊的な生活の源泉から、若い魂を汲みとることはできます。ですから第五、第六、第七文化期における人類の進化は——変な言い方をしますが——、白髪のダーウィン主義の意味でも経過していくでしょうが、しかしゲーテ主義の意味での霊的メタモルフォーゼの若い力を取り出すこともできなければならないのです。そうすれば、地球の死であるあの未来の破局を生きぬくことができるでしょう。この若い力は、未来の破局の中でも保持され続けなければなりません。ちょうど一人ひとりの人間の中の若返る魂が、死の門を通っても保持され続けなければならないようにです。

人間は、——こういう言い方が許されるなら——天から地に降りて来たことによって、そして人間と共に、あの闇の霊たち、遺伝の法則、血縁の法則、人種の法則が支配的だった時代に自由と解放の基礎がためをしてくれた闇の霊たちが地に降りて来たことによって、大地と結びつく可能性を見出したのです。

ルツィフェルとアーリマンの行為は、人間がその行為を通して大地と結びつく可能性を見出したことによって、善なるものになりました。そのことを図式化してみると、次のように言えると思います。

ルツィフェルの行為以前の人間は、大地をも含めた宇宙全体（紫）と結びついていました。人間は聖書に記された原罪、自然科学的にいえば遺伝の特徴を移植されたことによって、地球（黄）と結びつきました。人間（十字形）はそれによって、大地の一部になりました。――このように、ルツィフェルとアーリマンは進歩する力に奉仕してくれたのです。

さて、進化はさらに先へ続きます。私たちは地上で、地球とひとつに結びついて生きています。ルツィフェル的＝アーリマン的な霊たち、闇の霊たちは、天から地に突き落とされました。人間はそれによってふたたび、大地から解放されなければなりません。自分の本性の一部が、ふたたび霊界の中に戻されることによって、大地から切り離されなければなりません。

ひとつの意識が人類の中で育たなければならないのです。われわれはこの地球の存在なのではない、という意識です。この意識がますます強くなっていかなければならないのです。

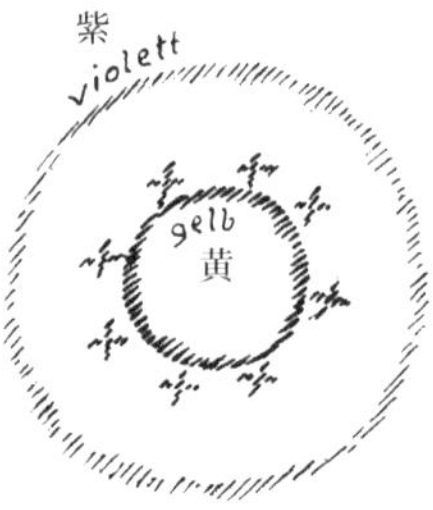

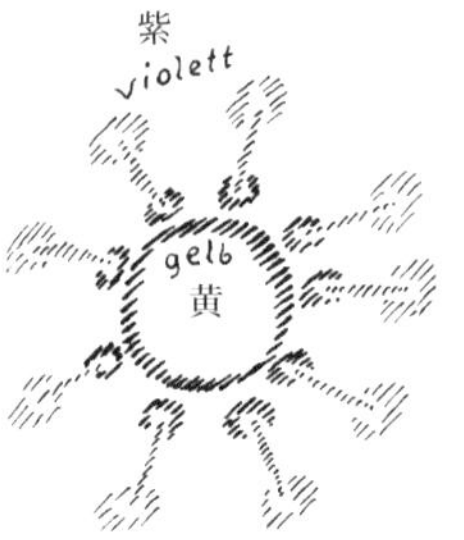

未来の人間は次のような思いと共に、地上を生きなければなりません――「たしかに私は生まれたことで、肉体に受肉している。しかしそのことは、ひとつの通過段階なのだ。本来の私は、霊界に留まっている。私の本性の一部だけが、大地と結びついている。私はそのことを意識している。死から再受肉までの間の世界から、私の存在全体が離れたのではない」。

これからは霊界とのこの共属感情を育てなければならないのです。以前の諸世紀では、この共属感情は、物質生活を正しく理解しようとせず、間違った禁欲生活をして、肉体をいためつければよい、と思い込んでいました。ですから間違った影を投げかけるだけでした。けれども、人間は、単なる地上の存在なのではなく、全宇宙に属する存在なのです。間違った禁欲生活に頼らず、霊的な存在、本質的な存在と結びつくことによって、自分が全宇宙に属していることを認めるのです。そうすることで霊界との共属感情を育てるのです。

自然科学はそのための準備でなければなりません。どうぞ、考えてみて下さい。一五世紀になるまで、ギリシア＝ラテン文化期が終わるまで、人間は自分を育ててくれた土地にまったく依存して生きていました。土地との関連の中で進歩を遂げてきたのです。このことは正しかったのですが、この危機の時代に、いつまでもその生き方が人生における主要な在り方であり続けることは許されません。

魂の意識は、地上から切り離されなければなりません。自然科学が、もっぱら物質界においてであっても、コペルニクス主義の立場に立って、地球中心から離れたようにです。地球は宇宙空間の中のひとつの小さな星体になりました。もっぱら空間上の事柄ですが、すでにこのコペルニクス主義によって、人間は、まだ抽象的ではありますが、宇宙空間の中に移されたのです。この方向をもっと先まで行かなければなりません。

とはいっても、間違った仕方で、物質生活を問題にしていてはなりません。物質生活はすでに先へ進んでいるのです。アメリカのことを考えて下さい。数世紀以来、アメリカに移住して行った住民のことではありません。ご承知のとおり、近世になってから、ヨーロッパ人による新しいアメリカ住民が現れました。この移民をよく観察しますと、その物質生活は土地との結びつきから自由であるとはいえないのです。本来、ヨーロッパ人である新しいアメリカ人たちは、アメリカに移植されました。そして――こんにち、まだそれほどはっきりと現れているとはいえませんが真実なのです――、先住民の身体の特性を次第に身につけるようになってきました。腕はヨーロッパに住んでいたときとは違う長さになりました。ヨーロッパ人の肉体は、すでにアメリカの土地に適応しているのです。この違いはもっと大きくなっていって、西アメリカ人と東アメリカ人との身体にも、目立った違いが生じるようになるでしょう。土地に適応するとは、そういうことなのです。

アメリカにおけるヨーロッパ人は、外から見ても、身体上も先住民化しています。以前の時代にそうであったように、今でも魂がこの身体上の経過を辿り続けますと——ただヨーロッパ人の移住のことだけを取り上げているのですが——、先住民の文化がふたたびヨーロッパ人の中で甦えることになるでしょう。こう言うと逆説に聞こえるかもしれませんが、しかし実際にそうなるのです。

未来における人類は、地上の大地との結びつきに拘束されていてはなりません。魂だけは自由になっていなければなりません。人間は地上のどこにおいても、土地の特徴を身体の中に受けとるでしょうから、ヨーロッパ人の身体は、アメリカに移住したら、アメリカ化されるでしょう。けれども、どんな人の魂も、地上的＝物質的なものをふり切って、霊的な世界の市民にならなければならないのです。霊的な世界においては、人種も、国民も存在しません。別の関連しかありません。

以上は、現在の地上のいたるところにみられる大きな決定的な出来事に対して理解しておかなければならない事柄なのです。どうぞ古くさい偏見を新しい理想だと勘違いしているヤギ（失礼）にだけはならないで下さい。

（初出　『シュタイナー　悪について』春秋社、二〇一二年）

目覚めへの霊学

（『ミカエルと龍の戦い』第五講　一九一七年一〇月二七日）

これまで行ってきた今期の考察の中で、今回と次回の講義を通して、今人びとの心を震撼させている大事件の背景をさらに探っていくつもりです。この大事件は、多くの人が考えているよりも、はるかに深刻な背景をもっているのです。

これまで述べてきたように、この大事件の背景は、霊界の深刻な経過と結びついています。一九世紀の四〇年代のはじめから一八七九年秋に到るまで、霊界において、重要な、深刻な戦いが行われました。それは世界史上、人類史上で繰り返して生じる戦いのひとつでした。私たちはこの一九世紀における戦いを、ミカエル（または聖ゲオルク）による龍との戦いとしてイメージしています。霊界における龍に対するミカエルの戦いが勝利に終ったのは、一八七九年でした。

ミカエルの衝動に反抗した闇の霊たちは、一八七九年秋に霊界から人間界に追い落とされたときから一人ひとりの人間の感覚、意志、心情の衝動に強力な作用を及ぼしているのです。ですから現代における諸事件は、今私たち一人ひとりの中で力を行使している闇の霊たちに注目しなければ理解できないのです。

以上をふまえて、こう問うことが大切です。一九世紀に生じた霊界での、あの戦いの本質はどこにあったのか。一八七九年一一月以来、一人ひとりの内部で演じられているもうひとつの戦いの本質はどこにあるのか。

世界史のいわば舞台裏で行われているこの重要な戦いの本質を述べるには、長い時間をかける必要があります。今日はまず、この戦いを映し出している事柄をいくつか取り上げたいのです。何度も申し上げたように、一九世紀の四〇年代のはじめに、近代社会の中に決定的な転換が生じました。そして、唯物主義が強力に発展しました。この唯物主義の発展が可能となるには、はじめに霊界で決定的な経過が生じなければなりませんでした。そして、その経過が物質界に作用し、人びとの中に唯物主義の衝動が次第に浸透していったのです。

以上の経過は人類史の中でどう映し出されているかを知るために、ここで二つの事柄に眼を向けたいのです。第一に現代の人の想像をはるかに超えて――きっと未来の歴史家ははっきりと見て取るでしょうが――、一九世紀の四〇年代、五〇年代、六〇年代、七〇年代に、物質的な知性、純物質上の知性文化が途方もなく大飛躍を遂げました。概念化の繊細さ、鋭敏な思考力、批判力に関しては、人類史上、この数十年の時期ほどに大きな発展を示した時期はなかったのです。
今述べた思考のすべて、技術の発明、批判活動、巧みな概念構成、そういう思考に関わるすべては、物質上の思考、脳と結びついた思考によって可能になりました。唯物主義者として人類の進歩を述べるのでしたら、胸を張ってこう言えるでしょう――「人類はこの数十年間ほどに賢明であったことはなかった。本当に賢明だった。本当に賢明だったのだ」。実際、文献をくらべるなら――いわゆる学問上の文献だけでなく――、これまでの人類史上、繊細な仕方で選ばれた概念、批判的な思考がこの時代ほどに見事に、しかもすべての分野にわたって用いられたことはありませんでした。

けれども、そのとき人びとの魂の中で見事な仕方で展開されていたものは、勝利を期待して闇の霊たちが四〇年代から七〇年代に到るまで霊界において努めていたことの鏡像だったのです。

闇の霊たちは人類の太古からの遺産を自分の手に収めようとしていました。この太古からの遺産とは何でしょうか。昨日述べたように、数千年もの間、光の霊たちは、血の結びつきを大切にするように導いてきました。家族、種族、民族、人種に結びつけることで、太古からの人類のカルマの結果生じた類縁関係に人びとを従わせてきたのです。人びとが血の結びつきを感じることで、太古からの遺産を引き継ぐことができるようにしたのです。その結果――血の結びつきは大地に由来するのですから——、大地が与えることのできる事柄が人類のカルマ全体に深く組み入れられました。

一九世紀の二〇年代、三〇年代の頃には、人体の中に降りて来た魂たちはまだ霊界の中にいました。唯物主義の時代に先行するこの二〇年代、三〇年代に眼を向けますと、人体の中に降りて来ようとしていた魂たちは、一定の霊的衝動をみずからの内に担っていました。その衝動というのは、数千年の間、魂が地上を生きるたびに、血の結びつきによって家族、種族、民族、人種に結びつこうとする衝動のことです。

このような結びつきの下に、この魂たちは、一九世紀の後半にも、すでに四〇年代から、一人ひとりのからだに受肉しようとしたのです。なぜなら光の霊たちは、自分の衝動を人びとの魂の中に植えつけ、昔からの血の結びつきに従って人びとの生活を前進させようとしたのですから。ですから人間の魂たちは、古いカルマに従って、一九世紀後半または二〇世紀初頭に生を受けた人たちのからだに結びついたのです。光の霊たちがそういう魂たちを、古い基準に従って導いていたのです。

私がお話しした闇の霊たちは、一人ひとりの魂の中でこの指導を自分の手で行うために、光の霊たちの衝動を一人ひとりの魂から取り除き、自分たちの衝動に従わせようとしました。この闇の霊たちが一八七九年に天上で勝利を得たなら、人びとのからだと魂との間に、まったく違った関連が生じたでしょう。別の魂が別のからだに入ったことでしょう。そして、地上の人間秩序の計画は、闇の霊たちの理想だけに従うことになってしまったでしょう。けれども、そういうことにはなりませんでした。そうならなかったのは、一八七九年秋の、龍に対するミカエルの勝利のおかげなのです。

この霊界での戦いの諸経過は、そのまま四〇年代、五〇年代、六〇年代、七〇年代の地上に映し出されました。そのことの現れが、すでに述べたように、人びとの心の中の鋭敏さであり、批判的態度だったのです。私たちは単なる思弁によっては問題の背後には行きつけません。それには、真に霊的な観察がなければならないのです。

物質界だけに通用する知性の特性が遺伝、親子のつながりをめぐる霊界での戦いの、地上における鏡像だということは、思弁によっては決して理解できません。こういう事柄は観察することによるのでなければ理解できません。実際、物質界で通用する知性によって、物質界と霊界との正しい関連を見出すことができると思っていると、間違ってしまいます。

なぜなら、そう思っている限り、自然科学の範例に従って獲得される論理的な規則通りに、図式的な態度から離れられないからです。外的、論理的な規則は、物質界にしか適用できません。物質界と霊界との関連には適用できないのです。血をめぐる戦いの反映のひとつは、物質界だけに通用する知性の発達でした。

この血をめぐる戦いのもう一つの反映は、一九世紀の四〇年代に始まり、それ以来、世に知られるようになった交霊術の出現でした。ある種のサークル、しかもかなり普及したサークル内で、その当時、霊界との関連を霊媒を通して探求しようとする動きが現れました。基本的に、物質的なやり方で霊界との関連を探求しようとする動きです。

　この試みが成功していたなら、地上の闇の霊たちの群れは十分な力をたくわえて、一八七九年に地上でのミカエルのグループとの戦いに勝利をかちとったでしょう。霊的認識は、交霊術の方法に従って行われたでしょう。とはいえ、もちろん交霊術も地上生活から衝動を得ただけでなく、霊界からの影響も受け、そこから導かれています。はっきり意識しておいていただきたいのですが、このような場合、二者択一が問題なのではないのです。こんにちの人にとっては、あれかこれか認めるのか退けるのかのほうが分かりやすいのかもしれません。しかし問題はそんなところにはないのです。

　交霊術の分野で行われていることの一部分は、非常に重要な霊界からのメッセージです。霊界の衝動から生じた事柄です。しばしば人間の運命とこの上なく深く結びついています。けれども、霊界において負けてしまったあの戦いの鏡像でもあるのです。ですから交霊術のその側面は、退行現象なのです。

　交霊術は、もしも一八七九年に闇の霊たちが勝利をおさめていたなら、人びとの眼を霊界に向けさせる唯一の手段となったでしょう。あの当時、もしもそのような勝利が生じていたなら、私たちはこんにち、言い表わし難いほど頭のいい世界に生きていたでしょう。あらゆる生活分野において、頭のよさが羽を伸ばしていたでしょう。株式投機のような、こんにちしばしばバカなことを平気でやっている取引きは、もっとはるかに頭のよいやり方で行われたでしょう。

これがひとつの側面です。しかしその一方で、社会の広範囲な層の人びとは、霊的な欲求を霊媒の道の上で充たそうとしたでしょう。物質界でのみ通用する知性、霊界と関わりをもつために意識を暗くするやり方、これがひとつの側面であるとすると、もう一方で、それが闇の霊たちの意図だったのですが、この闇の霊たちは特にひとつのことを妨げようとしました。一八七九年以後、次第に現れてきたことなのですが、人間の魂の中に霊的経験が本当に下りてくるのを妨げようとしたのです。

人智学が大切にしている霊的体験は、もしも闇の霊たちが勝利をおさめていたら、不可能になったでしょう。そういう霊的生活は、霊界にいる闇の霊たちによって、霊界に留めておかれたでしょう。この霊たちが地上に落ちたことによって、単なる批判的、物質的な知性と霊媒による道との代わりに、直接霊的な体験をすることが可能になりました。そして、ますます可能になっているのです。

この前お話ししたように、こんにちの時代は、人が考える以上に霊的な影響を受けています。

私たちの時代がどんなに唯物主義的であるとしても、この時代は、さらに今以上に霊的であろうとしているのです。人が考えるよりもはるかに多くの場所で、霊界が人びとにみずからを開示してくれています。いつでもよい意味で働いているとは言えないとしても、霊的な影響がいたるところに感じとれるのです。こんにち、霊的な作用に対して羞恥心をもっている人たちによって――そういう人たちが霊的な作用を受けると、別の人にそれを白状するのが恥しいのです――、そういう人たちによってなされる事柄が、あれこれの理由からなされるとき、実は夢の中に本当に霊的な作用を示す事柄が現れていたからこそ行われたことが少なからずあるのです。

　詩人の友人がいたら、どうして詩人になったのか、訊いてみて下さい。その詩人が語る根本体験は、次のようなものであるかもしれません。――あれこれの霊的な事柄を夢のように体験した。そして、その夢のような体験が詩作に駆り立てた、と。雑誌を創刊した人に、なぜそうしたのかを訊いてみて下さい。私は実際にあったことをお話ししているのですが、その人は雑誌を始めた動機を夢の体験に遡って話してくれるかもしれません。しかしそういう夢は、霊界から感覚世界に働きかける霊的衝動の転化されたものなのです。

　こういうことは、他の分野においても、皆さんが思っているよりもはるかに多く存在しています。ただそういうことを話してくれる人はあまりいません。なぜなら、もし誰かが「ある種の霊が夢に現れたので、その結果、私はこういうことをやったのだ」と言ったとしたら、それを聞かされた人は、その人を能天気な奴だと思うでしょうから。聞いていて、決して愉快な話ではないからです。

　ですからこんにち、どんなことが人びとの中で起きているのかを知っている人はあまりいません。ばらばらにそこここで生じている事柄は、いつかはっきり現れてくるであろうことの先ぶれでしかありません。これからますますはっきり現れてくるのは、一八七九年にミカエルが龍を克服した結果、霊的な事柄が直接人びとの心に働きかけてくる、ということなのです。神秘学が通用するようになったのは、この事情によるのです。そうでなかったら、神秘学が取り上げる問題は、霊界内に留まり、人間の脳の中に宿ることはできなかったでしょう。物質界の問題にはなりえなかったでしょう。

　一九世紀、四〇年代から七〇年代にかけて、霊界の中で闇の霊たちがどんな意図をもってミカエルの仲間たちに戦いを挑んだのか、以上の事情から見てとることができます。闇の霊たちは、一八七九年の秋から私たち人間のもとにいます。この霊たちは自分たちの求めていたことを果たすことができませんでした。ですから交霊術は、人びとみんなのものになることができませんでしたし、人びとは、唯物主義の観点に立って言えば、非常に頭がよくなることにもなりませんでした。逆に、霊的な真実が人びとの中に根づくようになったのです。

しかし闇の霊たちは、その代わりいつでも私たちの中にいます。中にいるのです。私たちは、闇の霊たちとどう出会うのか、その霊たちがどこに働いているのか、よく見張っていなければなりません。これからの時代のもっとも危険なことは、現に存在している影響に無意識にさらされることなのです。そして、人がそういう影響があるのを知っているか知らずにいるかは、影響する側にとっては、同じことではないのです。

しかし、闇の霊たちにとってもっとも気にかかるのは、今地上に普及していること、正しい方向に向かえば光の霊たちが働き続けていけることを、混乱に陥らせ、間違った方向へ向かわせることができるかどうかです。

私はそういう間違った、逆説めいた方向のことを以前取り上げたことがありました。そのとき申し上げたのですが、人間のからだは、もちろん進化を遂げることで、霊性が宿ることのできるからだになるのですが、しかし、闇の霊たちの導きによって、唯物主義的な感受性がますます人びとの心に浸透するようになると、その感受性がこの進化の方向に逆らい、物質の手段を使って人体がその方向へ行くのを不可能にしようとするのです。

前にも言ったように、闇の霊たちは、自分たちの賄い主である人間たちに、つまり自分たちの宿る人体に、幼児期から霊性への志向を排除する予防措置を講じるように焚きつけているのです。こんにちの人びとがあれこれの病気にかからないように、からだに予防注射をするように、未来の人びとは、ある薬を見つけて子どもたちに注射し、そうすることで霊的生活の愚行から守られるように配慮することでしょう。もちろん、その場合の「愚行」とは、唯物主義の側からの言葉です。

　この点は、すでに文学の分野では——ですからより無難な分野で——、始められています。前にも触れたように、非常に学識のある医者たちの著作の中には、さまざまな分野の天才たちの病理学が扱われています。コンラート・フェルディナント・マイヤー、ヴィクトール・シェッフェル、ニーチェ、ショーペンハウアー、ゲーテ、この人たちはみんな、何らかの病理現象をあらわしている、というのです。そして、そのことの証明が試みられています。

　この分野でのもっとも極端な例は、イエス・キリストを、そして福音書を病理学の立場から説明しようとする試みです。すでに二冊の著作がキリスト教の成立を取り上げ、かつて西暦のはじめ頃に、パレスティナの地でイエスと呼ばれた魂的、霊的に異常な人間が旅を続けていたこと、そしてこの人物の病的な魂が人びとをキリスト教に感染させたことを論じています。そういうイエス・キリストの病理学を扱った本が二冊も出ているのです。

　これは悪意のないまじめな研究成果ではありますが、この学問的方向を進んでいけば、最後には、霊的な発想が何もできなくなるでしょう。そして、感覚によって把握できる物質世界しか信じられなくなるでしょう。めまいの発作が起きないように、薬を体内に注射するように、霊性の素質が現れないように、特定の傾向を体内に植えつけるのです。

以上、未来の時代の中でも、特に逆説的に目立った現れ方をするような例を取り上げました。光の霊たちの勝利、霊界から地上に降りて来た存在たちは、こういう混沌とした形で現れてくるのです。

その結果、まず第一に、世界観が混乱したものになるでしょう。概念も表象もおかしくなってくるのです。すでに今、私たちはこの点、よく目覚めていなければなりません。なぜなら、まさにこの混沌こそ、現在進行中の諸事件のもっとも重要な背景になっているからです。

今、私ははっきりと、言葉に注意しながら申し上げたのですが、すでにこれまでの三年間に生じてしまったことをふまえて「現在進行中」と言うとき、その方向をはっきり見据えた上で言うのでなければなりません。なぜなら、事件の本質を深く洞察するなら、これまでの三年間は、用意をととのえつつある時期だ、ということに気がつくはずだからです。明日か明後日になれば、この前代未聞の戦争も昔からの意味での平和によって終結を迎えるだろう、と思っている人がいるとすれば、その人は能天気に時代を表面的にしか見ていないのです。現在進行しつつあるさまざまな出来事を表面的にしか見ることのできない人だけが、そう楽観していられるのです。その表面の下に何がひそんでいるのか、何も考えないでいられるのです。

一九世紀の四〇年代以後の数十年間を全体として考察することも大事ですが、その細部にも眼を向けなければなりません。この時代の一般的な性格づけは、この週の間にずっと取り上げてきました。そして、今日もそういう話をしてきました。しかし、この時代を代表する人物たちの霊的衝動に眼を向けると、個々の例においても、一般的な性格づけが間違っていないことを明らかにしているのが分かります。ここで一見目立たぬ例をひとつ取り上げたいのです。去年も一度、この点に言及したことがありました。――

ゲーテの『ファウスト』は、これまで多くの人によって解釈されてきました。その人たちの中でも、深い解釈を示してくれた一人は、オスヴァルト・マールバッハ［一八一〇〜一八九〇］です〔原註　ライプツィヒ大学テクノロジー教授、詩人、著述家。フリーメーソン・ロッジ「菩提樹のバルドゥイーン」の指導者。『ゲーテのファウスト、一部、二部の解説』（一八八八）〕。本来、文学史家たちなら、大学で専門的に研究しているのですから、少くとも『ファウスト』を深く理解している、と思うのが当然なのですが、専門的な研究は問題を深く理解する妨げになっているのです。オスヴァルト・マールバッハがその著『ゲーテのファウスト、一部、二部の解説』の中ですぐれた見解を示してくれているのは、彼が本来の文学史家ではなかったからなのです。彼はライプツィヒ大学で、数学、機械工学の講義と並んで、ゲーテの『ファウスト』を講義しました。現代においては、マールバッハが機械学、工学の造詣を深めたことが、歴史家や文学史家の学問研究よりも世界の秘密に迫ることを可能にしているのです。

しかし、まさにこのマールバッハの場合に、非常に注目すべきことが見てとれます。彼は四〇年代にゲーテの『ファウスト』を講じましたが、それから語るのをやめてしまいました。四〇年代の終りになっても、五〇年代になっても、六〇年代になっても、七〇年代になっても、もはやゲーテの『ファウスト』を語ろうとはしませんでした。そして、やっと七〇年代の終りになってから、彼は大学でゲーテの『ファウスト』の講義を再開したのです。その間の長いあいだ、彼は数学と機械学と工学について講義するだけでした。つまり、まさに当時の状況の中で、人間の賢明さと批判精神を育てるのにもっともふさわしい分野に研究を捧げたのです。その彼が「まえがき」の中でどう述べているかは、とても興味があります。――

「私はすでに三、四〇年前にライプツィヒ大学でゲーテの『ファウスト』について講義していた（この本は一八八一年に出版された）。そして最近、一八七五年になって、私はこの講義をふたたび取り上げた。どうしてこんなに長い間中断していたのだろうか。それには多くのことが関係している。外的にも内的にも、客観的にも主観的にもである。私は年を重ね、今は老いている。大学の聴講者たちも同様である。新学期になるたびに、ますます不愉快な人種が集まってくる。精神への興味がますます失われ、美よりも利のほうが重要な時代になってしまった。これまでの三〇年間、私は自分自身の欲求よりも必要性のほうを優先させて、大学では哲学、詩文をわきにおいて、数学、物理学、工学といった厳密科学だけを講じてきた。」

唯物主義的に頭の良さが重視される時代だったのです。この「まえがき」の内容は、本当に興味があります。あの時代の特徴を見事に指摘しているからです。オスヴァルト・マールバッハの意識の中では、自分はいつも、かつて『ファウスト』を講じたときも、工学を講じたときも、やりたいことをやったのだ、と思っていたのです。けれども今、ふたたび『ファウスト』に立ち戻り、新たに解釈を加えることになったとき、自分は幻想にまどわされていた、時代精神にただ引きずられていただけだった、と告白しています。自分は幻想の中で生きていた、と今多くの人が自覚すべきなのです。なぜなら幻想が人びとを包み、人びとの脳に入り込み、人びとの心をつかむこと、このことこそが一八七九年までの闇の霊たちの願っていたことだったのですが、一八七九年以後になると、この闇の霊たちは、直接私たち自身の心の中に入って、今もそこでうごめいているのです。

けれども、もうひとつ大事なことがあります。天から地上に堕ちて人びとの中で働いている闇の霊たちの力を代表してもいたこの人物は、歴史の流れに従って、自分の立場をこうも語ったのです。――自分は、四〇年に大学で『ファウスト』を講じたとき、「第一部」について語った。「第二部」には関心がなかった。けれどもふたたび『ファウスト』を取り上げることになったとき――龍に対するミカエルの勝利の後、と付け加えることができる――、特に「第二部」を取り上げようと思うようになった、と。

　ゲーテの『ファウスト』の「第二部」を理解するのに、頭のいい時代、批判の時代は、ふさわしい時代ではないのです。この「第二部」こそ、ゲーテ主義のもっとも重要な遺言なのですから。そしてこんにちでもなお、多くの点で、この「第二部」は本当にわずかしか理解されていません。理解しようとしても、理解するのはとても難しいのです。なぜなら、こんにちの人びとの生活環境のどこにも、この「第二部」に出てくるようなユーモアやアイロニーが生かされていないからです。むしろこんにちの生活環境は、一六世紀以降、どんどん発展していき、人びとはひたすら、その発展をほめたたえ、それこそが私たちの時代の誇りである、とひたすらその成果の中にひたって喜んできたのです。

　ゲーテは全身全霊で時代を生きただけでなく、二〇世紀の中にまで魂を映して、『ファウスト』第二部を二〇世紀のために、二一世紀のために、さらにその数世紀あとのためにも書いたのです。このことは今になってやっと理解できます。しかし、そのためにゲーテは、一六世紀以後の発展について、アイロニーとユーモアに富んだ解釈を加えなければなりませんでした。実際、これまでさまざまに賞賛されてきた一六世紀以後の発展のおかげで、文明諸国はこんにちまで生きのびてきたのです。しかしその発展の成果は、ゲーテのファウストにではなく、メフィストの陰謀、策略に等しいものなのです。

　実際、メフィストの創作でもある紙幣という幽霊の方向を、一六世紀以降の光栄に充ちた発展は、ずっとはるか先まで辿り続けてきました。そしてゲーテは、その発展のすべてを、メフィストという悪魔の作業と評価したのです。

人びとはいつか、一六世紀以後の文明の所産を、偉大な、しかしアイロニーに富んだ仕方で、『ファウスト』第二部が扱っていることに気づくでしょう。この第二部では、霊的な努力を続けるファウストとは反対に、闇の霊たちを代表するメフィストが、近代人にとってなくてはならない、そして特に二〇世紀の人がますます依存するようになっているすべてを発明しているのです。

現代がそういう状況にあることに気づかせてくれる多くの事柄が、すでにこの『ファウスト』第二部の中に表現されています。そして物理学、機械学、工学を身につけた上に、時代の秘密にも耳を傾けたこの人物が、まさに龍に対するミカエルの勝利のあとで、あらためてこの「第二部」を講じる必要を感じるようになったことは、実に意味深い、重要な徴候である、と言えるのです。

私たちは特に昨年、一九一六年に、ゲーテが初めて表現してくれたイメージを、さらに具体的に生きいきと把握するために、霊学が一歩一歩歩《あゆ》みを進めてきたことを見てきました。もちろん『ファウスト』から霊学を直接導き出すことはできませんが、霊学によって初めて、『ファウスト』第二部におけるゲーテの偉大なイメージと、そして『ヴィルヘルム・マイスターの遍歴時代』における壮大な記述とは、正しい照明の下に見てとることができるのです。

以上からも分かるように、時代は、前進する光の霊たちの影響の下に、闇の霊たちの働きに対抗してますます光の霊たちの立場を確かなものにしていこうとしています。私たちも、この闇の霊たちに対して目覚めた意識で向き合うとき初めて、自分の立場を確かなものにすることができます。

この三年の間、その呼び声を正しく聞きとる用意のある人たちがまだ十分な数だけいないとしても、時代は、目覚めていてくれ、と呼びかけ続けています。しかし私たちは、それとは対立する働きのほうがいたるところで時代を支配しているのを見てきました。まさに、霊的な生き方の可能性が始まろうとしているところで、妨害する霊たちの働きもまた活発になっているのです。

時代の特徴的な性格が見えてくれば、さらに先まで進んでいけます。しかしこんにち、こういう事柄を暗示するだけでも、誤解に誤解を呼び起こすのです。こんにちの時代の精神風土は、誤解しようとする意志が強く働いているので、語るひと言ひと言が、すぐに別の意味に曲解され、批判されてしまいます。なぜなら、私たちの使う言葉は、聞き方次第で別のニュアンスをもってしまうからです。

今は多くの人が国家主義的な心情で判断するのです。もし誰かが或る民族の一員だったとすると、その誰かを同じひとりの人間として論じていたとしても、同じ民族に属する別の誰かの感情を害する結果になりかねないのです。たとえ現在の大戦に参加している民族がその民族の一員と、ある問題に関して、まったく関係がなかったとしてもです。実際、現在の時代の嵐が生じたのは、こんにち一般に思い込まされているような事情にもとづいている、と信じることは、それがナンセンスであればあるだけ、いっそう有害なのです。嵐の原因は、はるかに深いところにあるのです。ある立場の人たちが主張しているような国家的な野望にあるのでもありません。国家的な野望は、多くの人びとの関心外にある別の権力に利用されているだけなのです。この権力のことは、時代の表面だけを見ている限り、何も分かりません。

事実が客観的に見えてくるまで、まだしばらくは待たなければならないでしょう。こんにちの大多数の人にとって一番安易なのは、教師の資格試験に出てくるような、当り前の事柄だけを知っている旧式な教師の頭にあるような発想に従って判断することなのです。生徒たちならまだしも、すべての人に今そのような発想がおしつけられているのです。

すでに何度も申し上げたように、私は、この恐るべき時代になってから、あらためてウッドロー・ウィルソンについての客観的な評価をしているのではないのです。大戦の始まる前の年、一九一三年にヘルシンキでの講義『バガヴァッド・ギーターの眼に見えぬ基盤』［邦訳、春秋社、二〇一八年］の中で、ウッドロー・ウィルソンの世界的規模での旧式な学校教師ぶりについて、くわしく申し上げました。そこではこの人物の態度がどんなに浅薄なところから来ているか、指摘しました。ウッドロー・ウィルソンについての評価をわざわざここ数年の彼の態度から決める必要などなかったのです。しかし一九一三年当時は、ウッドロー・ウィルソンについていくら批判しても、人びとはまさに旧式な立場に立っていました。当時はまだ、ウッドロー・ウィルソンの自由について、文化と文芸についての高校生風の論文がヨーロッパ語に翻訳され、広く読まれていました。そしてウッドロー・ウィルソンの高校生用の教科書にふさわしい、頭の堅い政策を、大まじめで、ほめたたえていました。そのことを恥じ入るようになる時代は、まだ当分来ないでしょう。

闇の霊たちの勢力は今、いたるところに現れています。人びとが今眠りこけている薄闇の中から目覚めさえすれば、二〇世紀初頭にウッドロー・ウィルソンとその教えを頭から信用していた自分たちのことをとんでもない屈辱だったと思えるでしょう。現在進行していることを恥だと思えるようになったときが、目覚めの時なのです。

この時代の中で真実を語るのは困難です。なぜなら人びとは、心の中にすでに植え込まれていることを批判されているように聞くでしょうから。この雰囲気の中で自由な批判精神を保つのは困難です。この雰囲気は、この三年間の中で形成されただけでなく、私がウィーンでの講義［『シュタイナーの死者の書』ちくま学芸文庫参照―訳者］の中で社会の癌と呼んだ経済中心主義によって形成されたものでもあるのです。

　こういう事柄に対する必要な態度は、あらためて真剣に向き合うことです。二〇世紀に到るまで公認されてきた概念だけで対処できると思ってはなりません。よく知っておいていただきたいのは、今自分の中で有効な働きをしているさまざまな表象内容では間に合わないということです。いつまでも既成の概念で対処できると思うとしたら、その態度は世界史に無礼な態度だ、と思わなければなりません。もしも私たちがみずから作り出したこの諸原則でこの時代を裁くことができると思うとしたら、こんなおかしいことはありません。

　人類は文明を過去の成果をもとにして達成してきましたが、今その文明の成果が使い尽くされようとしています。新しい創造なしに使い尽くされていくのを、私たちは、日々眼にしています。そのことの深刻な意味が理解されることなく、日々使い尽くされています。多くの人は、大戦の始まる以前の一九一三年の時期とまったく同じ仕方で、物事を考え、判断を下しています。その人たちは一九一三年の頃の判断力が一九一七年の現在も有効であると思っています。一九一七年の現状を生じさせた判断力で、この深刻な事態が打開できるのだ、と本気で信じているのです。

　闇の霊たちが私たちの中に住みつくようになってから生じた状況の中に深く身を沈めながら、八〇年代、九〇年代、そして二〇世紀になってからの二〇年間に生じた事情をできる限り理解しようとすること、今私たちにとって大切なのは、このことなのです。私たちはまだ眼の前の事態が正確に把握できていないのですから。

　特に問題なのは、感情生活の分野で一八七九年以前と以後とでは極端なくらい違ってしまっていることが全然分かっていないことです。この点でもゲーテの『ファウスト』第二部と真剣に取り組むことは大きな助けになると思います。この第二部がゲーテの時代に理解されなかったのは、ゲーテがこの第二部を二〇世紀の世界として体験していたからなのです。『ファウスト』第二部を学ぶことは今の時代を理解するのに大きな助けになるのです。オスヴァルト・マールバッハは、闇の霊たちが地上へ降下した後になって『ファウスト』第二部と取り組みました。このことは、マールバッハの思いの深さを見事に示してくれています。

　私たちは今、マールバッハのような深い感情、認識、衝動を通して、現代が必要としているところにまでよじ登っていかなければなりません。一八七九年以前に始められた多くの事柄が成就されなかったのは、重要なひとつの問いと関連していることなのです。こんにち本来すべての人の魂に影を落としている問いです。そして現在、私たちの経験している諸事件は、人びとにその問いを問い続けているのです。これらの事件は、理解することで済ませられるようなものではなく、大切なのは、そこからどのようにして抜け出ることができるか、という問いなのです。けれども、こんにちのような事態に陥らせた原因を洞察しようとする意志が存在しない限り、この事態を変えることはできません。

　こんにちの事態を深く洞察できる人たちなどいない、と思うべきではありませんが、そういう人びとの声に耳をかす人は少ないのです。そもそもゲーテの思想のような何かに耳を傾けようとする人は少ないのです。ゲーテの言葉はまるで二〇世紀の声のように響いてくるのに、人びとはその声に耳をかそうとはしないのです。なぜなら、この声を理解するには、例えば一八七九年秋に闇の霊たちの降下によって生じた重要な事態を真剣に理解しようとしなければならないからです。

　現在の真実をふまえて、そこから抜け出るためには、人類史の霊的な歩みを感情によって把握しなければならないのです。ですから私は、オスヴァルト・マールバッハのことを取り上げたのです。彼の過去と未来への眼ざしについては、去年もこの地で彼の詩を例にあげてお話ししました。ゲーテの魂に捧げられた詩です。その詩は、ゲーテの魂がフリーメーソンと結びついた記念日に捧げられました。フリーメーソンは、一八世紀には、こんにちのフリーメーソンとは違った在りようを示していました。

　ゲーテはフリーメーソンの隠された霊的衝動を洞察して、この結社の一員となったのですが、オスヴァルト・マールバッハはその記念となる日を思い出して、次のような詩をゲーテの魂に捧げたのです。——

兄よ、父よ、崇高なる指導者よ！
私たちは百年経った今、忠実な愛の証しとして、
自由な精神同盟の場で
しっかり結んだ手をあなたに差し出します。
精神の中のもっとも偉大な精神よ！
自由な人の中のもっとも自由な人よ！
私たちはあなたを目指して、あなたを見習って歩み続けます。
私たちはあなたに自分を、自分の子たちを委ねます―
私たちの精神の建造物をいつの日か完成させるために。

あなたも私たちも努力をおしみませんでした。

しかしあなたの努力は自己認識を通して叡智に達しています。

あなたの努力は常に変らぬ健全さと行為へ向かう創造の力に恵まれていました。

ですから、あなたの業績は美の輝きに包まれています。

あなたはみずからに打ち勝つ勝利者になるまでイスラエル人のように神と格闘してきました。

そのあなたとひそかに結ばれていることを私は部外者にはひと言ももらしません。

けれどもすべての同志には声高らかに伝えます。
純粋な愛のやむことのない働きを通して
精神の中に精神の火を燃やすことを通して
永遠のいのちの種を播《ま》くことを通して。

師よ、どうぞ先頭に立って下さい。
あなたがどこへ向って行こうとも
あなたは私たちをあこがれに充ちた世界へ導いて下さるのですから。

こういう熱い思いこそ、「成就の門」のとびらを開いてくれるに違いありません。

編者による解説

飯塚　立人

本書が語る「ゲーテ主義」とは、人生から叡智を学ぼうとする生き方のことである。シュタイナーは、近代を生きる人間の「典型」としてゲーテをとらえ、その「復活」の思想として、人智学を形成していった。そのプロセスを以下のように述べている。

> 私は十八、九歳の頃から、絶えずゲーテと取組んできました。しかし歴史学的文献学的な意味でゲーテを論じようとしたことは決してありませんでした。なぜなら、始めから、本質的なのは、ゲーテが今も生きているということだ、という考えが私の心を占めていたからです。一七四九年に生まれて、一八三二年に死んだ地上の人間としてのゲーテだけに注目するのではなく、一八三二年にゲーテが死んだとき、彼の個性が生き続けるだけでなく、私たちの周囲で、空気のように、とはいえ霊的に、何かが生き続けている、と思えることが重要なのです。霊的なものが私たちの周囲に生きています。……それをふまえて彼を研究しますと、私たちの内部で彼の想いが生きてく

るのです。そして私たちは、地上での彼がそうであったようにではなく、今日そうであるように彼を論じることができるのです。

このことは近代という時代の深い秘密と結びついています。……

その想いが肉体から分離できた瞬間に、そしてその想いが後世の誰かに愛をもって受け入れられますと、それは変化して、新しい生命を獲得するにいたるのです。どうぞ誰かの心に立ち現われた想いが、いつも同じ姿をとっているなどと思わないで下さい。人間の想いもまた復活するのです。どうぞ信じて下さい。皆さんは血を通して祖先と結びつくだけでなく、霊を通して魂の祖先とも結びつくのです。そのような魂の祖先は、ゲーテのような人である必要はありません。すぐ隣の善良なミュラーさんやシュルツェさんでもいいのです。キリストのことば、「血で体と結びつくだけでなく、霊で魂と結びつくこと」を体験できれば、人生の中で復活の思想を有効に働かせることができるのです。（「ロゴスの復活」『シュタイナーの言葉』〔春秋社〕三七―三九頁）

この復活の思想の源には、ゲーテが大切にした精神的態度である、「対象的思惟」（本書四九頁）とメタモルフォーゼの思想（七二頁）がある。対象から離れず、対象に即して働く思考。対象に深く参加し見いだしたプレグナントな点（生命を内包した、有意義な点）を、私の中で展開させていく。シュタイナーは『神智学』の第一章（ちくま学芸文庫、三三三頁）で、ゲーテを引用しつつ、この思惟を、対象との霊的な結びつきとして論じることで、霊学の礎にしている。「自然科学的思惟」を範とする学校の教育課程からではなく、人生の自己教育過程から学ぼうとするとき、この「霊的な結びつき」が鍵となる。苦悩の中に、プレグナントな点を見いだすことができ、それが私の中で時間をかけて発展していくならば、その苦悩はいつか叡智―自己認識として結晶し、復活するのである（本書一三一頁）。

本書は、近代の状況の中で人生から叡智を獲得しようと努力したゲーテの想いを、シュタイナーが愛し生かそうとした、自己の学びの歩みを励ます論考を、「ゲーテ主義」として集め〈自由と愛の人智学〉シリーズ（全三巻）の第一巻とした。前シリーズ〈危機の時代の人智学〉の第二巻、第一次世界大戦末期の一九一八年秋の連続講義『歴史徴候学』第七講で、シュタイナーは挿話的に、一九世紀末の文化潮流に抗した『ゲーテの世界観』の執筆状況を語っていた。戦争の危機の時代に、あらためてゲーテ主義を熱く語るシュタイナーの想いを、本書によって探り、受けとめたいと思った。そして前シリーズに続き春秋社の高梨公明さんに構想して頂いた〈自由と愛の人智学〉のシリーズ全体を通して、私たちの「危機の時代」に、贈り物である人智学を、一人ひとりが自分の中で復活させる生き方を求め、あらためて「自由」と「愛」を課題にできたらと思う。

本書に収録した、シュタイナーの一八九六年の著作である『ゲーテの世界観』の前半は、今世紀初頭の数年間京都で行われた高橋巖人智学講義のテキストとして、『歴史徴候学』に続いて訳していただいた。一九〇六年の講義録『血はまったく特製のジュースだ』と『百年前のドイツ神智学』は、一九七〇年代後半、先生の訳で『神智学』がシュタイナーの著作の初めての日本語訳として出版されたのと同時期に、それぞれ雑誌『牧神』と『地球ロマン』に掲載された。同じく一九〇六年の講義録『神智学と社会問題』は、二〇一〇年の『社会問題の核心』の集中講義に際し、ベーシックインカム論の労働観との関わりで訳していただいた。第一次大戦中の一九一七年の『ミカエルと龍の戦い』第四講は、『シュタイナー 悪について』(春秋社)に収録されたが、『ファウスト』第二部も論じる初出の第五講と共に、危機の時代のゲーテ主義の観点から再録した。

今回、シリーズの編集意図を示すべく、編者として解説を書かせていただいた。本書の「ゲーテ主義」に近づき、より深く結びつくためにも、読者の方々には、高橋先生のゲーテ論をぜひ参照していただきたい。一九七〇年出版の先生の処女作『ヨーロッパの闇と光』(新潮社)の後半第二部に、「ゲーテ――対象的思惟」という一章がある。それに先立ち一九六〇年代初頭に書かれた「対象的思惟と古典主義的芸術観の成立」等の、対象的思惟を中心とした諸論考があり、ネット上でも読むことができる。一九八六年刊の『若きシュタイナーとその時代』(平河出版社)では、若きシュタイナーのゲーテとの取り組みが詳しく論じられている。文庫として再刊された『シュタイナー哲学入門』

（岩波書店）には、『ゲーテの世界観』も取り上げられる「思想家ゲーテ」の章がある。そして『神秘学講義』（角川書店）は、ゲーテの『ファウスト』第一部冒頭の「夜」の場面から講義がはじまっている。また雑誌『人智学』（日本人智学協会）に、『ファウスト』の講義録が「ファウスト逍遥」というタイトルで連載されていた。

現代の日本の状況の中で、常に「今日そうであるように」シュタイナーを論じて下さる高橋巖先生に、深く感謝いたします。

師よ、どうぞ先頭に立って下さい。
あなたがどこへ向って行こうとも
あなたは私たちをあこがれに充ちた世界へ導いて下さるのですから。

敬愛する先生へ、学友たちと共に。本書二四八頁より。

プロフィール

ルドルフ・シュタイナー　Rudolf Steiner（1861-1925）
ハンガリーのクラリエヴィェベック（現クロアチア）に生まれる。ウィーン工科大学卒業。ゲーテ学者、哲学者として活躍した後、1902年、神智学協会ドイツ支部書記長に就任。1913年、神智学協会を離れ、人智学協会を設立。霊学的観点から新たな総合文化の必要性を説き、その影響は宗教、芸術、教育、医療、農法、経済など、広範な分野に及ぶ。1925年、スイス・ドルナハにて逝去。著書・講演録多数。

高橋　巖　Iwao Takahashi
東京、代々木に生まれる。慶應義塾大学文学部大学院修了後、ドイツに留学。ミュンヘンでドイツ・ロマン派美学を学ぶなか、シュタイナー思想に出会う。1973年まで慶應義塾大学で教鞭をとる（美学・西洋美術史を担当）。1985年、日本人智学協会を設立。著書に『神秘学講義』『シュタイナー哲学入門』ほか、訳書に『シュタイナー・コレクション』全7巻、『秘教講義』全4巻ほか。

飯塚立人　Tatsuhito Iizuka
京都、宇治に生まれる。高橋巖著『神秘学講義』に出会い、シュタイナーを知る。京都教育大学で教育思想を学び、スタンフォード大学教育大学院博士課程でケアリングの倫理を学ぶ。1984年より高橋巖人智学講座を受講し、1991年より日本人智学協会会員。ケアリング人智学・シュタイナー研究。編著に『シュタイナーの言葉』。

ゲーテ主義 霊学の生命の思想　自由と愛の人智学 1

2023年 1 月30日　第 1 刷発行

著　者＝ルドルフ・シュタイナー
訳　者＝高橋　巖
発行者＝神田　明
発行所＝株式会社　春秋社
〒101-0021 東京都千代田区外神田 2-18-6
電話　(03)3255-9611（営業）
(03)3255-9614（編集）
振替　00180-6-24861
https://www.shunjusha.co.jp/
印刷所＝株式会社　太平印刷社
製本所＝ナショナル製本協同組合
装　丁＝本田　進

ISBN978-4-393-32559-9 C0010　定価はカバーに表示してあります。